NUR WER DIE SEHNSUCHT KENNT...

25 Jahre Ballett Schindowski

Herausgegeben von Jörg Loskill

Mit Beiträgen von Norbert Lammert,
Konrad Schilling, Jürgen Schmude
und Bernd Schindowski
Fotografien Rudolf Majer-Finkes

Danksagung

Ohne sie wäre dieses Buch nicht erschienen:
Dank zu sagen ist vielen, die mit Rat und Tat sowie mit wichtigem Sponsoring halfen.
Vor allem gilt dies für:

die Stiftung Kunst und Kultur NRW

die Sparkasse Gelsenkirchen

den Förderverein des Musiktheaters (fmt),
insbesondere dessen Vorsitzendem Alfred Weber

die Volksbank Gelsenkirchen-Buer

RWE Gas AG   RWEnaturgas

Dr. Dr. h.c. Konrad Schilling für seine engagierte Mitwirkung
auf verschiedenen Ebenen bei diesem Projekt,
für die Förderung und das Lektorat.
Dr. Alfred Biolek
Dr. Jürgen Schmude
Dr. Norbert Lammert
Dr. Michael Vesper, Kultusminister des Landes NRW, Düsseldorf
Generalintendant Peter Theiler, Musiktheater im Revier
und Verwaltungsdirektor Peter Neubauer

Für das Protektorat über sämtliche Würdigungen für
Bernd Schindowski seitens der Stadt Gelsenkirchen wird
ausdrücklich Herrn Oberbürgermeister Oliver Wittke und
dem Kulturdezernenten Dr. Manfred Beck Dank gesagt.

1. Auflage Juni 2003
Alle Fotografien, sofern nicht anders angegeben: Rudolf Majer-Finkes
Umschlagbild vorn: Kaori Nakazaba in "Gilgamesch-Epos"
Umschlagbild hinten: Valter Azevedo in "High Fidelity"
Druck: Fuldaer Verlagsagentur, Fulda
Gestaltung: Gitta Hülsmann, DTP-Design Duisburg
© Klartext Verlag, Essen 2003
Alle Rechte vorbehalten
ISBN 3-89861-227-9

INHALT

Grusswort Michael Vesper	4
Grusswort Oliver Wittke	5
Grusswort Peter Theiler	6
Vorwort Jörg Loskill	7
Jörg Loskill: Das Vertrauen in die Kraft der Bilder oder: Die Sehnsucht nach der Utopie	8
Biografie Bernd Schindowski	14
Jörg Loskill: „Das Lachen hilft auch beim Tanzen zu überleben" Interview mit Bernd Schindowski	15
„Das Tiefe verstecken – wo? An der Oberfläche" Interview mit Alfred Biolek	22
Jürgen Schmude: So etwas Gutes in Gelsenkirchen	24
Konrad Schilling: Bernd Schindowski – ein dionysischer Magier des Tanzes	27
Norbert Lammert: Das Ballett Schindowski. Ein starkes Stück	31
Bilderbogen 25 Jahre Ballett Schindowski	32
Fotodokumentation 25 Jahre Ballett Schindowski	49
Bernd Schindowski: Porträts von zehn Wegbegleitern	125
Bernd Schindowski Die Compagnie heute	136
Jörg Loskill: Und sie muß ausgerechnet eine Putzfrau spielen: Cécile Rouverot	138
Werkverzeichnis Bernd Schindowski	140
Biografische Hinweise	143

GRUSSWORT

Kultur in NRW – das ist längst eine international renommierte Visitenkarte. Viele der Kulturveranstaltungen hierzulande ziehen ein überregionales und internationales Publikum an. Mit langfristiger und vor allem beständiger Arbeit hat sich Nordrhein-Westfalen zu einer der interessantesten Kulturlandschaften in der Bundesrepublik entwickelt. Das Ruhrgebiet, ein starkes Stück Deutschland – dieser Slogan ist ein Stück kultureller Selbstverständlichkeit geworden.

Bernd Schindowski ist mit seiner Compagnie hier groß geworden und hat dieses Kulturland mit geprägt. Seit er 1978 als Choreograph und Ballettdirektor ans Musiktheater nach Gelsenkirchen kam, beschenkt er sein Publikum mit einer ganz ungewöhnlichen Sichtweise, seiner ganz eigenen Tanzsprache, mit Balletten voller Ideen, Träumen, Visionen. Erinnern wir uns: Da gab es die hinreißend witzige „Cinderella", in der die bösen Stiefschwestern Aschenputtels von seinen Solotänzern getanzt wurden, ein Spaß und ein wunderbarer Traum zugleich, eben mehr als ein Märchen. Oder es gab das „Lied der Sonne" mit dem sich fortwährend drehenden Tänzer-Derwisch, das „Narrenschiff" mit seiner Untergangsdüsternis und Narretei, die naive fröhliche Nacktheit in „Nur wer die Sehnsucht kennt...". Und das „Gilgamesch-Epos" - diese tief empfundene Freundschaft zwischen Gilgamesch und Engidu, wie sie aus der Tiefe der Zeit zu uns herüberleuchtet. Schindowskis Choreographien waren immer außerordentlich, ohne mit billigen Reizen zu spekulieren, kraftvoll, aber nicht schrill, vergnüglich und doch auch besinnlich.

Und heute, nach 25 Jahren? Bernd Schindowski ist kein bisschen müde geworden. Seine Ideen überraschen nach wie vor, sein Publikum ist wirklich „sein" Publikum, sein Ballettensemble wirklich „seine Kreation". Und wenn einer sagen sollte: „Normalerweise wechseln die Ballettchefs doch alle fünf oder zehn Jahre", dann muss hier gesagt werden: Er hielt der Zeit stand, erkannte scharfsichtig das Notwendige in der Zeitdeutung. So wandte Schindowski sich weit vor jeder Pisa-Depression an Kinder und Jugendliche und schuf Ballette für junge Menschen, die seiner Urfreude und Vitalität Ausdruck gaben. Da begannen die Instrumente zu tanzen, da setzte er „Hip-Hop" ein, um Generations- und Drogenprobleme auf die Bühne zu heben, ohne dabei die Jugendlichen zu denunzieren, da inspirierte und unterstützte er die jungen Menschen, ihre Ideen mit seinem Rat zur Geschichte zu verdichten.

Nach 25 Jahren ist es an der Zeit, auch einmal „Danke" zu sagen für ein Ensemble, das mithielt, mitwirkte und mit seiner ganzen Energie und Freude Schindowskis Choreographie weit über die Landesgrenzen zu Ruhm, ja zu internationaler Bedeutung verhalf. „Danke" an Bernd Schindowski selbst. Dieses Buch soll nicht nur Rückblick sein: Es soll auch anspornen, es möchte ihn ermutigen weiterzumachen. Denn auch wir sind nicht müde geworden am Ballett Schindowski.

Wir wollen mehr!

Dr. Michael Vesper
Minister für Städtebau und Wohnen, Kultur und Sport
des Landes Nordrhein-Westfalen

GRUSSWORT

Als Pionier hat er begonnen, als Pionier ist er in Gelsenkirchen zu einer Institution geworden. Auf 25 Jahre erfolgreiche Arbeit am Musiktheater im Revier kann Ballettdirektor Bernd Schindowski zurückblicken. Jahre, in denen er mit seinem Ballett einen unverwechselbaren Stil geschaffen hat. Jahre aber auch, in denen das Ballett Schindowski sich erst in Nordrhein-Westfalen und später bundesweit einen Namen gemacht hat.

Experimentierfreudig war Bernd Schindowski von Anfang an. Er wagte sich auf das Eis, das anderen zu dünn war – stets langte er ebenso heil wie bejubelt auf der anderen Seite an. Die Suche nach Begrenzungen, die zu überwinden es sich lohnt, ist ihm eigen. Immer wieder hat der Ballettdirektor stilbildend gewirkt, und so haben andere Compagnien im Laufe der Jahre übernommen, was er einst als Erster auf die Bühne brachte.

Das Publikum, zunächst verunsichert, hat Bernd Schindowski bald für sich gewinnen können. Über Gelsenkirchen hinaus hat er in der Region viele Tanzinteressierte an das Musiktheater gebunden. Zu seinen treuesten Fans gehören junge Menschen, die ihre ästhetische Erziehung zu einem großen Teil dem Ballett Schindowski verdanken. Die vielfältigen Produktionen für Kinder und Jugendliche haben die Wahrnehmung von Generationen von Schulkindern geschult und ihnen Maßstäbe für Kunstproduktionen an die Hand gegeben.

Das Ballett Schindowski ist ein Glanzlicht der Gelsenkirchener Kulturszene, das weit über die Stadtgrenzen hinausstrahlt. Die Anerkennung von Ballettbegeisterten und Kritikern hat es sich verdient. Auch beim Land genießt die Compagnie zu Recht höchste Anerkennung - die Landesförderung ist dafür der sichtbare Ausdruck. Ich wünsche dem Ballett Schindowski und seinem Direktor, dass es auch künftig die Tanzszene beleben und sein Publikum auf neue Wege mitnehmen möge.

Oliver Wittke
Oberbürgermeister der Stadt Gelsenkirchen

GRUSSWORT

Kontinuität im künstlerischen Bereich ist keine Selbstverständlichkeit. Sie setzt Sicherheiten voraus, vor allem aber planerische Rahmenbedingungen, die über Jahre, gar Jahrzehnte, Schaffen und Wirken eines einzelnen Schöpfers absichern. Fortschreitender individueller Gestaltungsreichtum, wenn er denn fruchtbar sein soll, braucht Obhut und Schutz. Nur so findet der kreative Geist zu Risikofreude und Selbstsicherheit.

Das Musiktheater im Revier ist eine der wenigen Bühnen im deutschsprachigen Raum, die seit einem Vierteljahrhundert einem einzelnen Künstler genau dieses produktive Umfeld bietet. Hier kann Bernd Schindowski seit 25 Jahren seine schöpferischen Visionen in Bewegung, Raum, Klang und Atmosphäre umsetzen. Längst ist er ein Garant für renommierten Tanz in Gelsenkirchen und darüber hinaus geworden. Bernd Schindowski gebührt der Dank für seine Treue und Verbundenheit zum MiR und zu seinem Publikum über diesen langen Zeitraum. Im Spielplan des Musiktheaters im Revier wird dem Ballett Schindowski – immer entsprechend der wirtschaftlichen Absicherung des Hauses – auch in Zukunft eine besondere Bedeutung beigemessen. Dem anspruchsvollen Spektrum der Aktivitäten, die vom großen Tanzabend bis zur vorbildlichen Kinder- und Jugendarbeit reichen, wird eine solide Basis gegeben. Denn Bernd Schindowski soll auch weiterhin seine „Sehnsucht" ausleben können, er soll auch weiterhin mit viel kreativer Fantasie unter Einbeziehung sämtlicher interpretatorischer Aspekte die Auseinandersetzung mit den Nöten der Gegenwart suchen.

Seine Bühnenkunst trage zu einem besseren Verständnis der Welt bei!

Peter Theiler
Generalintendant
Musiktheater im Revier

VORWORT

„Ich bin 80 Produktionen alt", sagte kürzlich Bernd Schindowski in einem Interview anlässlich eines ungewöhnlichen Jubiläums: Er ist seit 25 Jahren Choreograph und Ballettchef am Musiktheater im Revier in Gelsenkirchen, einer Stadt, die wahrlich finanziell nicht auf Rosen gebettet ist. In dieser bemerkenswert langen Wegstrecke und durch seine dauerhafte Präsenz an dieser Bühne hat er erreicht, dass sein Tanztheater – das Ballett Schindowski – zum künstlerischen Begriff wurde, ein kulturpolitisches und künstlerisches Beispiel für die innovative Kraft dieser Region.

Das bezeugen in diesem Buch aus verschiedenen Perspektiven u. a. Kultusminister Dr. Michael Vesper und andere Persönlichkeiten des öffentlichen Lebens wie der ehemalige Bundesjustizminister und Präses der evangelischen Kirche in Deutschland, Dr. Jürgen Schmude, der Vizepräsident des Deutschen Bundestages, Dr. Norbert Lammert, der langjährige Kulturdezernent der Stadt Duisburg und Kulturbeauftragte des Initiativkreises Ruhrgebiet, Dr. Dr. h.c. Konrad Schilling, sowie der renommierte Medienmann Dr. Alfred Biolek.

Schon der heilige Augustinus appellierte an die Menschheit: „Mensch, lerne tanzen – sonst wissen die Engel im Himmel nichts mit dir anzufangen." Wem das zu irrational und jenseitig klingt, dem möge bewusst sein, dass der Tanz bei den Füßen beginnt. „Tanz ist ein Telegramm an die Erde mit der Bitte, die Schwerkraft aufzuheben" – so formulierte es das Stepper-Genie Fred Astaire. Und so bewegen sich auch Schindowskis Choreographien stets zwischen Himmel und Erde, zwischen bodenständiger Wirklichkeit und erträumter Vision.

„Nur wer die Sehnsucht kennt..." heißt deshalb dieses Buch, das den Künstler Schindowski ehrt, seine vielen Facetten benennt und einordnet. Diese Publikation will dem Tanzdirektor danken.

Es handelt sich um eine künstlerische Zwischenbilanz. Ende offen? Die Theaterarbeit geht weiter.

Jörg Loskill

„Im Tanz liegt die Wiedergeburt des Menschen" (William Forsythe, 2001)
DAS VERTRAUEN IN DIE KRAFT DER BILDER ODER: DIE SEHNSUCHT NACH DER UTOPIE

Von Jörg Loskill

Tanz ist Kommunikation, eine der ältesten der Menschheit. Da wird etwas mitgeteilt, einst über die Götter, heute eher über das Verhältnis „Ich und die Masse". Ein Publikum reagiert auf die öffentliche Darstellung eines Falles, einer Aussage, eines Kommentars. Ein Dialog findet statt.

Bernd Schindowski schaltet sich in diese Interaktion mit der Gesellschaft über die Gesellschaft seit rund 30 Jahren ein. In Gelsenkirchen wirkt er als Ballettdirektor und Choreograph seit 1978. Er ist für die anderen Sparten am Musiktheater im Revier ein verlässlicher Partner, ein Muster an Kontinuität. Jahr für Jahr bringt er bis zu vier Produktionen heraus. Er arbeitet für das Kleine wie für das Große Haus, für Erwachsene wie für Kinder. Seine Compagnie umfasste bisher rund 25 Mitglieder einschließlich Trainingsleitung und Musikrepetition. Seit der Saison 2001/2002 wurde das Ensemble bis 2003/2004 auf 14 Tänzerinnen und Tänzer reduziert. Seine Kompetenz blieb jedoch unangetastet. Schindowskis Bereitschaft, mit dem großen Repertoire des Tanzes in seinen verschiedenen Stilformen umzugehen und daraus innovative Funken zu schlagen, lässt nicht nach. Er bürgt mit seinen Stücken für inhaltliche Überraschungen, baut auf Ironie, Scherz und tiefere Bedeutung. Seine Ideen entzünden sich ebenso an alten Mythen, an mystischen Themenstellungen, an interdisziplinärem Fokussieren auf einen messianischen Appell oder auch an einem Fortschreiben literarischer oder musikalischer Phänomene auf die heutige Zeit hin. Schindowski schrieb Tanzgeschichte für Nordrhein-Westfalen, gelegentlich mit Einzelwerken weit darüber hinaus. Was macht ihn unverwechselbar? Wo liegen seine Stärken? Wie unterscheidet er sich von anderen Tanzkollektiven? Welche Choreographien bleiben in lebhafter Erinnerung? Wie arbeitet er und entwickelt spezifische Programme? Was hat er als Künstler weiterhin vor? Um diese Fragen dreht sich diese Publikation. Benutzt werden dabei verschiedene Darstellungs- und Perspektivformen, aus denen sich ein Gesamtbild über die Aktivitäten und die Ästhetik des „Bildmagiers" Bernd Schindowskis wie bei einem Puzzle ergibt...

Beginnen wir bei der Hauptfrage: Was fasziniert Schindowski am Modern Dance, am zeitkritischen Tanztheater? Gewissermaßen als Vorbild sieht er den Amerikaner Glen Tetley, der mit seinen Choreographien vor allem mit dem Nederlands Dans Theater in die Ballettannalen einging. Jochen Schmidt schreibt über Tetleys Stück „Summer's End", das keine komplette Geschichte erzählt: „Ein Reigen von Zärtlichkeit, Vertrauen und suchender Hingabe". Genau diese Begriffe passen meist auf die Arbeiten von Schindowski, der in Ulm, damals eine gute Adresse für spannendes und intelligentes Theater, Mitte der 70-er Jahre seine ersten und durchaus zukunftsweisenden Choreographien erstellte. Zärtlichkeit, Vertrauen, Suchen, Hingabe - bei Schindowski werden diese Begriffe als Grundmuster menschlichen Verhaltens und Sehnens stimulierend verarbeitet. Das gilt für seine vielleicht wichtigste Bühnenpräsentation, die gar nicht altertümlich-biblische, sondern wache und auf die Gegenwart bezogene „Johannespassion", ein Abgesang auf die uralten Ängste und Sehnsüchte der Menschen. Aber ebenso entfachen diese zwischenmenschlichen Beziehungsraster das tänzerische Feuer im mythenreichen „Gilgamesch-Epos", im Box-brutalen „Ein deutsches Requiem", im lyrischen „Lied der Sonne", in der Seelenlandschaften auslotenden "Winterreise" oder in der flirrend-sinnlichen „Reise nach Kythera", in der der Gelsenkirchener Ballettleiter von Gemälden des Künstlers Balthus inspiriert wurde. Wie er sich überhaupt von benachbarten Künsten wie bildender Kunst, Film, Theater oder Musik inspirieren lässt, um die eigene Kreativität daran festzumachen.

Andererseits: Schindowski benutzt die Banalität und Trivialität des Alltags, um für seine Werke inspiriert zu werden. So sagte er im Interview einmal: „Ich brauche doch nur über die Straße zu gehen, um verrückte und groteske Situationen zu erleben. Das Leben ist in all' seinen Widersprüchen und Wahrnehmungen eine prall gefüllte Groteske." Dieses wache Beobachten von Ritualen, Hoffnungen, Frustrationen und Begegnungen dürfte die zweite Linie sein, auf deren Spur sich Bernd Schindowskis choreographische Attacken konzentrieren. Denn bei vielen Stücken in seiner bemerkenswerten Produktivität von inzwischen fast 80 Bühnenbeiträgen zieht er sich nicht bequem auf ein lyrisch wattiertes Pflaster zurück. Er ärgert, er eckt an, er provoziert. Er schiebt einen ironischen oder gar satirischen Keil in die jeweilige Aufführung, wenn er selbst meint, eine Idee, eine „message" trage nicht oder nur verhalten weiter. Schindowski ist Theatraliker genug, um in einer solchen Arbeitsphase einzugreifen, die Richtung zu ändern, eine Haltung zu verfremden. Ein Beispiel aus einer seiner aktuellen Arbeiten: Er beschäftigt sich in „High Fidelity" mit „King" Elvis Presley und seinen balladesken Songs. Die Choreographie fließt fast zärtlich und nostalgisch dahin – als wollte der Tanzschöpfer sich in die Harmonien der Blues-und Rockhits flüchten. Und dann der Schlag, der Bruch, der radikale Schnitt: Die Presley-Songs werden zerfetzt, vorbei ist es mit dem Sehnsuchtstanz der scheinbaren Ideale. Elektroakustische Kostüme der Tänzerinnen und Tänzer, von dem Software-Tüftler Benoît Maubrey entwickelt, tauchen die Atmosphäre in ein giftgrelles Licht. Wir sind in der Gegenwart gelandet, in der die Utopie eben eine Utopie der Menschheit und ihrer Hoffnungen bleibt. Und dann der zweite Coup, der die brutale Radikalität der bewegten und ausgehörten Klänge wieder zurückführt in eine bizarr-groteske Paradiesidylle. Ein Tänzer steigt, fast nackt, aus einem Garten Eden mit Pflanzen und veritablen Tieren herab. Und verlässt bald wieder, die weißen Friedenstauben auf Arm und Schulter, diesen heilig-unheiligen Ort. Nebel hüllt ihn ein. Das Paradies oder die Insel des Glücks liegt im Irgendwo. Sie verschwindet im Schleier von Licht und Trübung. Nur noch das Sehnen bleibt. Ein typisches Schindowski-Bild, eine spezifische Annäherung an die Kraft und Gefährdung utopischer Gedankenspiele.

„Nur wer die Sehnsucht kennt..." - das ist nicht nur ein Titel einer Choreographie von Schindowski. Das ist sein literarisches, szenisches, sinnliches, intellektuelles, ästhetisches (und oft auch erotisches) Programm. Der Klassiker Goethe hinterlässt auch hier seine geistige Spur. In „Mignon" heißt es: „Nur wer die Sehnsucht kennt, weiß, was ich leide." Zur Liebe gehört Leid, zur Freude die Trauer, zum Dur gehört das Moll, zur Gegenwart die Tradition, zur Süße die Bitterkeit – in den Gegensatzpaaren, man könnte noch weitere anführen, erschließt sich das menschliche Universum. Darauf vertraut der Inszenator Schindowski. Der Tanz wird bei ihm zum frechen, überraschend kurzweiligen und leidenschaftlichen Nachdenken über die Höhen und Täler, die eine menschliche Biographie durchläuft, sogar durchlaufen muss, um an ein wie auch immer geartetes Ziel zu gelangen. Ist es der Weisheit letzter Schluss? Oder nur die „Ironie des Schicksals"? Oder die schlichte Erfahrung von „Ich habe gelebt"? Wir wissen es nicht.

Noch in einem weiteren Punkt bezieht sich Bernd Schindowski übrigens auf Glen Tetley und dessen aufregende Ballettarbeit. Dieser Choreograph war einer der ersten, die die natürliche Nacktheit des Ensembles aus ästhetischen Gründen neu definierten. Tanzten nicht die Menschen in vielen Epochen nackt vor den Göttern und feierten kultische Feste? Schindowski fordert in Stücken wie „Meddle", „Schwanensee", „Gilgamesch-Epos", „Der Tod der Cleopatra" oder „High Fidelity" u.a. den vollen Körpereinsatz seiner Compagnie, abseits von exhibitionistischer Zur-Schau-Stellung. Die schöne, stille oder auch mal schrille Nacktheit ruft nach dem paradiesischen Urzustand, nach einer Humanitas, die die Naivität als Wunderwaffe gegen die Oberflächlichkeit vieler zeitgenössischer Phänomene und Tendenzen einsetzt. Schindowski erinnert in diesen kleidungsfreien Ent-Häutungen und De-Maskierungen, diesen Momenten und Szenen, die meist Keuschheit atmen und den Vorwurf schwüler Voyeurblicke schnell entlarven, an die biologische Ursprünglichkeit menschlichen Zusammenlebens. Und er sagt über diese symbolisch-soziale Idee: Jeder solle zu seinem Körper stehen. Ob alt, ob jung, ob Kind oder Betagter. Das Nackte wird zum Movens für philosophische und anthropologische Überlegungen darüber, wie weit wir längst entfernt sind von einem vorbehaltlosen Ja zum Körper und damit auch zum jeweiligen Individuum.

Natürlich gibt es in einer so langen Arbeitsphase mit den Ressourcen einer mittelgroßen Bühne auch Schwächeres, kann nicht bei jeder Produktion der große Wurf gelingen. Doch Schindowski garantiert selbst in jenen Stücken, die in die Kategorie „unterhaltend" oder „Durchlauf" gehören, die Lust am Tanz, das Vergnügen an kecken oder koketten Wendungen, die Genugtuung über das Verschrecken einer konventionellen Denkungsart. Oder er nimmt, erfahren wie er ist, gelegentlich eine Auszeit. Das war beispielsweise der Fall, wenn er Choreographen wie Zoltan Imre, Carlos Orta, Krisztina Horvath, Rose Marie Guiraud, Rodolfo Leoni oder Javier De Frutos einlud, mit der Gelsenkirchener Compagnie zu arbeiten. Das setzte neue Kräfte, neue Fantasien und eine neue Vitalität frei.

Eine andere Möglichkeit, sich selbst eine Pause zu gönnen und die Ressourcen des Ensembles zu nutzen, ist in den choreographischen Werkstätten verankert. In diesen ausgiebig angesetzten Extra-Programmen gab und gibt Schindowski talentierten Mitgliedern die Chance, eine eigene Choreographie zu realisieren. Erstaunlich viele Solisten und Corps-Angehörige nahmen diese bundesweit seltene Chance wahr. Arbeiten von Linda Calder, Rubens Reis, Charles Linehan, Eden Summers, Raimundo Costa, Neng-Sheng Yu, Hennig Paar, Birgit Relitzki, Tony Vezich, Rolf Gildenast u.a. prägten sich ein, dokumentierten eine eigene Handschrift, selbst innerhalb einer Tanzskizze. In den besten Fällen wurden aus diesen Miniaturen eindrucksvolle tänzerische Dialoge zwischen Mensch und Raum. Künstler wie Linehan (in London), Paar (in Braunschweig), Relitzki (in Nordhausen), Yu (in Coburg und Graz), Vezich oder Gildenast machten ihren Weg als Choreographen. Sie leiten inzwischen eigene Compagnien oder sind freiberuflich in diesem Metier tätig. Mit Erfolg. Schindowskis Talent als Entdecker und Förderer fiel auf fruchtbaren Boden in den eigenen Team-Reihen.

Die dritte Variante für eine künstlerische Neubelebung und zumindest eine zwischenzeitliche Atempause heißt bei Schindowski, spartenübergreifend einzusteigen – zum Beispiel als Musicalregisseur wie bei der rassig zugespitzten Multikulti-Hommage „West Side Story" von Leonard Bernstein. In diesen Arbeiten bewies der Ballettchef, dass er auch mit großen darstellerischen Tableaus und mit den Showelementen der Broadway-Prägung umzugehen weiß.

Gehen wir nun auf einige seiner besten, wenn auch nicht immer unkritisch reflektierten Ballettproduktionen ein, aus denen sich allerdings ablesen lässt, mit welchem künstlerischen, thematischen und stilistischen Material Bernd Schindowski unverwechselbare Spuren innerhalb von 25 Jahren am Musiktheater im Revier legte.

Franz Schuberts „Winterreise",
choreographiert 1980

John Janssen, Bariton, singt als Teil der choreographischen Formation die 24 Lieder von Franz Schubert. Die Bühne von Erwin W. Zimmer: Vernagelte Natur, die überdimensionale Federnschwinge als Symbol für Hoffnung, für das Fliegen zum fernen Sehnsuchtshorizont, für die Gefahr, sich in lyrischer Abgehobenheit menschlich zu verlieren, ein totes Fenster, Gittergerüste. Ein Szenario der verletzten Seele. In diesem begrenzten und entgrenzten Raum stellen sich assoziative Tanzbilder ein. Sie sprechen von Vision und Utopie, von Traum und Ernüchterung. Eine winterkalte Gefühlsskala wird ausgelotet. Schindowski interpretiert die schmerzenden Liedkosmen des Romantikers als heutige und doch auch zeitlose Reaktionen auf Verlust, auf Scheitern, auf Lebensbegrenzung – auf den Abschied von humanistischen Idealen. Der Tod ist nahe in dieser weißen Schneelandschaft der Erkaltung. Doch die Hoffnung ist im Tanz selbst geborgen. Die sinnlich stimulierende Bewegung auf der Bühne, in die der Vokalsolist einbezogen wird, verbreitet leisen, wehmütigen Trost. Solisten wie Linda Calder, Carmen Cavaller, Helen Poon oder Alfonso Rovira übersetzen die Schubert-Stimmung in virtuos-entlarvende Posen.

Schnitzlers „Reigen",
choreographiert 1985

Arthur Schnitzlers skandalträchtiges Schauspiel liefert die Vorlage und Vorgabe, ohne dass Bernd Schindowski jede literarische Episode authentisch bebildert. Die Musik liefern unbekannte Lieder von Kurt Weill, von Eva Tamulenas gesungen. Die Liebe trägt Trauerflor in diesem sarkastischen Beziehungsgeflecht. Andererseits gebärdet sich Schindowski in „Reigen" als Freund ironischer und grotesker Rituale. Ein Trillerpfeifen-Ton begleitet den technischen Liebesvollzug. Distanz zu den Figuren, zur Konstellation zeichnet das Tanztheater aus, bei dem Schindowski einmal mehr den Mitteln des Absurden vertraut. Das sind Merkmale seiner choreographischen, doppelbödigen „Reigen"-Auffassung.

Lied der Sonne",
choreographiert 1986

Die Sonne schickt mit ihren Strahlen Kraft auf die Erde – ein ewiger Energiespeicher und -spender. Das ist die Ausgangsüberlegung zu einem Sonnentanz der besonderen Interpretation: Denn Bernd Schindowski lässt zu Steve Reichs Minimal-„Music For 18 Musicians" die Hymne auf das Leben, auf die positiven Botschaften aus dem Kosmos, von einem sich permanent drehenden Derwisch (Gianni Malfer) ausdrücken. Der Kreisel in Trance wird zur Tugend der Dauerschöpfung, das permanente Drehen erzeugt Gleichmut und Harmonie, die Sonne stärkt den Kreislauf zur Endlos-Spirale. Man kann dieses Sujet als göttliche Inspiration, als geistiges Zentrum, als religiöse Quelle auslegen. Der Choreograph bietet, das ist bei Schindowski nicht unüblich, verschiedene private Deutungen an. Die ungewöhnliche Leistung des Haupttänzers besteht in einer einstündigen, monoton sich wiederholenden Kreiselrasanz höchster Konzentrationsstufe. Angeregt wurde dieses Ballett von der Erzählung Franz Kafkas „Eine kaiserliche Botschaft". Ein sterbender Herrscher schickt die letzte Meldung an sein Volk. Doch diese Botschaft kommt nie bei den Untertanen an. Also selbst in diesem heiligen und ekstatischen Licht- und Meditationsritual dämmert die Vergeblichkeit alles menschlichen Tuns auf. Schindowski als Kafka des zeitgenössischen Tanztheaters?

„Reise nach Kythera",
choreographiert 1987

In schwarzer Landschaft (Erwin W. Zimmer) tummeln sich und turteln Paare. Mal charmant und elegant, dann wieder draufgängerisch und kühn. Ein Watteau-Gemälde mit dem gleichen Thema gibt den Ansatz vor: Liebende reisen zur barocken und zugleich antiken Inselidylle, um in trauter und inspirierender Verlorenheit einen erotischen Reigen zu eröffnen. Der polnische Maler Balthus aber gab mit seinen Bildern die eigentliche Inspiration für dieses emotionale Tanztheater: Seine Vorliebe für Mädchen zwischen Unschuld und Wissen, für filigrane Figuren, wird in choreographische Bilder umgesetzt. Zur Musik von Claude Debussy entwickelt sich ein hintergründig-ironischer „danse d'amour". Zwei nackte Knaben begleiten puttenhaft diesen Liebesreigen zwischen Übermut und Melancholie. Die äußere Gebärde wird bei Schindowski zur Chiffre für innerliche, auf die Seele hinweisende Abläufe. Die starke Emotionsskala weitet sich von der Banalität der ersten Begegnung bis zum dramatischen Bewusstsein für die unauslöschliche Liebe aus. Werden die Paare im Tete-a-tete einmal zu konkret, dann wird „abgeblendet" – die Puttenkinder legen den Vorhang des Schweigens über die Amouren. Das Ganze mischt sich aus Augenzwinkern und Poesie zur Hommage an die Sehnsucht nach Nähe, nach Vertrautheit und Intimität. Das Ensemble, mit neun Paaren besetzt, tanzt in diesem so scheuen wie ausdrucksstarken Hohelied auf die Liebe und ihre schwierigen und brüchigen Phasen von Spannung und Entspannung.

„Erinnerung an das Goldene Zeitalter",
choreographiert 1990

Man darf ja noch träumen?! Bernd Schindowski reflektiert in diesem Stück eine Märchenzeit. Er beschwört die Antike, u.a. den griechischen Weisen Hesiod und dessen Eintracht mit dem Herrscher Kronos, dem Gott der Zeit. Das Goldene Zeitalter misst sich mit dem Raum des Friedens und der Harmonie. Zur schwerlastigen, dennoch asketischen Musik von Ludwig van Beethovens Streichquartetten und der Großen Fuge öffnet sich ein zunächst rückwärts gewandter Aspekt einer Menschheit, die keine Sorgen kennt, die selbstverliebt sich selbst feiert. Der Surrealismus eines Giorgio de Chirico prägt die Bühne von Manfred Dorra: ein Platz mit Weite und Grenzen zugleich. Das Ende des Raumes wird zum Schluss, wenn Staub auf die „letzten" Menschen hernieder rieselt, sichtbar. Die Apokalypse naht, das Ende des Traums bricht radikal mit dem schönen hintergründigen Schein. Die Figuren klammern sich betroffen aneinander, suchen die Rettung und den Halt im Miteinander. Doch es ist zu spät. Ein schwarzer Vorhang senkt sich wie eine Chiffre des Todes herab. Aus ist damit der Hoffnungstraum. Das Goldene Zeitalter war einmal, wenn es denn wirklich einmal stattgefunden hat. Heute und jetzt herrschen andere Gesetze und Regeln. Die Wirklichkeit ist nicht golden. Getanzt wird nervig, irritierend schön, dann bitterböse reagierend in der Entlarvung einer Scheinwelt. Es prägen sich in dieser Aufführung die Tanztemperamente von Emma-Louise Jordan, Rubens Reis, Carmen Balochini, Yvonne Whyte, Ellen Bucalo und Rita Barretto ein.

Johann Sebastian Bachs „Johannespassion",
choreographiert 1991

Mit diesem großen Wurf überzeugte Bernd Schindowski das internationale Publikum und weit angereiste Tanzexperten. Nach der monumentalen Passionsmusik von Johann Sebastian Bach (1724) durchläuft dieses Ballett die Stationen einer biblischen, religiösen und menschlichen Reise. Schindowski choreographiert kein Sakralstück – aber ein reduziert profanes Werk steuert er auch nicht an. Von Manfred Dorras, mit wenigen Requisiten und Zeichen ausstaffierter Bühne angeregt, vollzieht sich der Kreislauf von Leben und Tod, von Vertrauen und Boshaftigkeit, von Stille und Lärm, von Kreuz und Auferstehung im übertragenen Sinne. Die „Johannespassion" sieht der Choreograph als so „nachempfunden, als ob ein Mensch den Weg durch ein Labyrinth von Fragen geht". Biblische Szenen lappen in die triviale Alltagswelt hinein; Liebe, Trauer, Leid und Freude teilen sich in Bildritualen mit, bis das Stück in einen Solo-Rausch mündet (eine der stärksten Leistungen von Rubens Reis): Der Schmerz des Verlustes über das Wahre und Idealistische greift über in einen Taumel des Verzückens. Endlich wird der Tänzer von einem Wasserfall rein gewaschen - die Gnade eines Gottes könnte sich so artikulieren. Eine Lichtkrone, einem parsifalschen Gral gleich, weckt überirdische, vergeistigte Dimensionen. In der „Johannespassion" schließt sich die Klammer, die Schindowski oft benutzt: zwischen Vergangenheit und Gegenwart, zwischen Utopie und Wirklichkeit. Das Irdische ist vergänglich, die Bilder entführen in die Metaphysik - und doch tanzen Menschen von heute. Ideologien werden tangiert und wieder verworfen, Bach-Szenen und Passionsmomente flammen im Moment auf und verlöschen wieder in einer erdnahen Radikalität. Ein Menschheitsballett, so vielgestaltig wie einleuchtend, so aggressiv wie tröstend. „Ach Herr, lass dein lieb' Engelein..." – so heißt es im musikalischen Finale. Bei Schindowski lebt der Mensch allein, vereinsamt, sinnsuchend. Der Schmerzensmann leidet an der Welt. Aber doch hoffend. Marta Nejm, Scheyla Silva, Rita Barretto, Carmen Balochini, Gianni Malfer und Eden Summers mögen stellvertretend für das gesamte, reiche Personal genannt werden: Sie alle schaffen Charaktere von bleibendem Wert.

„Das kriminelle Kind",
choreographiert 1991

Die Gewalt mitten unter uns – ein akutes, aktuelles Thema. Jeder erlebt es, jeder ist davon irgendwie mal betroffen. Mehr oder weniger nah. Bernd Schindowski geht den scheinbaren Umweg über die Literatur, über einen philosophischen Text von Jean Genet, um eine Stellungnahme zu liefern. Der Franzose, ein antibürgerlicher Poet der Gewalt, äußerte sich in seinem (schließlich damals doch verbotenen) Radiotext „Das kriminelle Kind". Der Text wird gelesen – Schindowski „bebildert" ihn mit Gegenbildern. Er zeigt ein „ballet noir", in dem die schwarz angemalten Entrechteten in einen Trance-Tanz des Taumels verfallen. In einem Dauer-Crescendo lebt sich Brutalität aus. Aus einem Sandsack spritzt scheinbar Blut, Gefolterte bilden schemenhaft den politischen Hintergrund, der Gesang der „kriminellen Kinder" verkümmert zum Schrei. Aber Schindowski stimmt kein Hohelied auf den Anarchismus an. Das wäre ein grobes Missverständnis. Genet und seine Sprache ergänzen sich mit der „schwarzen" Tanzästhetik – die sprachlose Kunst des Balletts unterläuft die rituellen Prozesse. Genets Polemik bleibt als Hör-Folie transparent. Der Tanz weist auf ihre Gefahr in der Realität hin. Schindowski verlangt seinen diszipliniert auftretenden Solisten (Carmen Balochini, Birgit Relitzki, Scheyla Silva, Rubens Reis, Cassio Vitaliano, Luis Lombardi, Gianni Malfer) höchste Virtuosität ab.

Giovanni B. Pergolesis „Stabat mater" und Igor Strawinskys „Der Feuervogel",
choreographiert 1994

Ein weißes und ein schwarzes Ballett im Doppel
- zur Musik von Pergolesis „Stabat mater" ein ebenmäßiges Klagelied Mariens;
- zu Strawinskys neoklassizistischer Partitur greift Schindowski die russischen Märchenelemente auf und überprüft sie auf aktuelle Aussage hin. Er beschäftigt sich in diesem Mythos mit der Dreierkonstellation Feuervogel, Prinz und Kaschtschei. Hinterfragt werden das Gute und das Dämonische, das Prinzip der Liebe und ihrer Gefährdung, die Freiheit und ihre menschlichen Grenzen.

Beide Stücke zusammen ergeben eine „commedia humana" in der Polarität grundsätzlicher Menschenbestimmung. Dabei ist der Tod gegenwärtig. Wird er hier überwunden, bleibt er dort eine Drohung. Beide Werke streben in einem kollektiven Ritual einem dramatischen Höhepunkt zu – der sich jedoch nur imaginär im Einssein mit dem Göttlichen einstellen will. Kaori Nakazawa, Scheyla Silva, Carmen Balochini, Rolf Gildenast und Henning Paar wirbeln geschmeidig über die Bühne. Dass der Choreograph zum „Feuervogel"-Finale veritable, allerdings harmlose Hühner Körner aufpicken lässt, gehört zum Scherz-und-Ironie-Repertoire, dem Schindowski immer wieder mit kernigem Genuss und kessem Gestus vertraut.

„Ein deutsches Requiem",
choreographiert 1994

Johannes Brahms große Trauermusik gilt als eines der schönsten Beispiele romantischen Trostes. Doch nicht für den Choreographen Schindowski. Er fühlt sich herausgefordert von den pathetischen Chorgesängen. Seine Antwort deshalb auf den Kosmos der melancholischen Töne: Box-Hiebe, die den Scheinfrieden auf der Bühne zerfetzen. Das Stück tut weh, psychisch wie physisch. Sieben Solisten der Gelsenkirchener Compagnie messen sich tänzerisch und sportiv mit Thai-Boxern. Der Kampf ums Überleben im Ring wird zur Chiffre des Schmerzes und seiner (eventuellen) Überwindung. Die Spontaneität wird in die Regeln dieser Kampfsportart eingebaut. Auch dies wirkt wie ein Keulenhieb in Richtung Menschenleben und Gesellschaft. Kann kein Frieden sein... Ob nun eine Fehlinterpretation der Brahms'schen Intention oder eben eine individuelle Betroffenheit durch den musikalischen Hintergrund vorliegt: Das Tanzspektakel provoziert, teilt das Publikum, macht nachdenklich über den Umgang zwischen Menschen. Der Tanz wird zum Sport, das Kreative sinkt in Erschöpfung zu Boden, die Figuren wirbeln, drehen, fallen, bemühen sich, den täglichen Lebenskampf wieder aufzunehmen und zu bestehen. Eine kalt ausgeleuchtete Arena (Manfred Dorra) prägt die eisig-gewaltbereite Atmosphäre dieser Inszenierung. Es gibt kein christliches Erbarmen. Oder? Das Werk gehört zu den eigenwilligsten Choreographien in der 25-jährigen Schindowski-Ära.

Peter I. Tschaikowskys „Schwanensee",
choreographiert 1995

Die Versatzstücke des Kitsches werden entrümpelt. Weder huscht eine Jagdgesellschaft über die leergefegte Lichtbühne (Manfred Dorra) noch stellt sich Folklore ein: Bei Bernd Schindowski, der sich teilweise auf die Originalschritte von Lew Iwanow (1895) bezieht, wird eine kleine, böse, inzestuöse Familiengeschichte erzählt – als Symptome einer verrotteten oder auch sich in Frage stellenden Gesellschaft. Die Mutter will für den Prinzen eine Frau aussuchen. Das löst bei dem jungen Mann die Katastrophe aus. Er flüchtet in eine Traumwelt. Ob er je erwachen wird und die Realität um sich herum annimmt, bleibt eine offene Frage. „Schwanensee" wird gegen den Strich gebürstet: Das ist das Ergebnis eines aufregenden Transformations-Dialoges mit dem Inhaltskanon des klassischen Ballettes. „Schwanensee" bedeutet hier Entzauberung. Große Leistungen erlebt man von Carmen Balochini, dem Wirbelwind Elmer E. Domdom als Hofnarr und den hier einmal „auf Spitze" tanzenden Ballerinen Kaori Nakazawa und Rita Barretto.

„Die Schöne und das Biest" (La Belle et la Bête),
choreographiert 1996

Das Stück durchzieht eine Rezeptionslinie – vom Märchen aus dem 18. Jahrhundert über den Film von Jean Cocteau aus dem Jahr 1946 bis hin zur zeitgenössischen Minimal-Music-Oper von Philip Glass. Bernd Schindowski bewältigt in seiner poetischen Version alle diese Vorgaben. Wie im Film blenden die Bilder (Bühnenraum: Johannes Leiacker) ineinander über, das märchenhafte Milieu der Magie bestimmt die tänzerische Attitüde, der Oper wird gehuldigt durch das scheinbare Singen der Compagnie. Die Tänzerinnen und Tänzer bewegen die Lippen. Rätselhaftes liegt über diesem Stück einer Liebe, die mehrdeutig auszulegen ist - die Schöne und ihr Vater, dem sie helfen will, das Mädchen und der Prinz, der sich als Tier verfremdet gibt, die Sehnsucht nach dem inneren Glück für alle. Schindowskis Choreographie hält den Märchenton hoch, verzaubert durch den Blick in eine fremde, ferne und doch so nahe, beunruhigende Welt. Es bleibt, wie so oft bei diesem Tanzerzähler, viel offen in dem hinreißend getanzten Stück über Barrieren und Träume, über Hoffen und Selbstwertgefühl. Große Profile erlebt man im Ensemble durch Carmen Balochini als schönes Zauberwesen, das 'Biest' von Rita Barretto, Rolf Gildenast und Rubens Reis als Trinität sowie durch Bira Fernandez als geheimnisvoller Liebhaber Avenant.

Stefan Heuckes Tanzoratorium „Gilgamesch-Epos",
für das Ballett Schindowski komponiert,
choreographiert 2001

Das babylonische Epos über den König von Uruk sieht die menschliche Existenz als eine Reise durch das unerbittliche Fegefeuer. Nur dadurch kann ein Mensch zur Erkenntnis, zur eigenen Wahrheit und Identität gelangen. So durchläuft Gilgamesch, der nackte Titelheld der 5000 Jahre alten Ur-Geschichte, viele Stationen, die ihn durch Grenzbereiche führen. Er leidet an den Qualen der realen und profanen Welt. Gilgamesch trägt das Kainsmal eines Peer Gynt ebenso an und in sich wie das des „Fliegenden Holländers" oder eines immersuchenden Faust. Er frevelt an der göttlichen Ordnung der Erde und wird hinab gestoßen in das Tal problematischer Sinnerfahrung. Endlich im Tod darf er der Mensch sein, der er ist. Nun kann er den Verlust des Freundes Engidu, zugleich sein homoerotisches Ego-Schattenbild, als einen gefallenen Engel akzeptieren. Zur bildreich-effektvollen Musik von Stefan Heucke (gespielt von der Neuen Philharmonie Westfahlen) entfacht der Choreograph in diesem von Vokalgesang begleiteten Tanzoratorium einen Bildersturm der Gefühle und der bitteren Wahrnehmungen. Bernd Schindowski geht über die mythische und mystische Vergangenheit weit hinaus und landet bei seiner Zeitreise zuletzt doch wieder in der brennenden Aktualität. Die „Gilgamesch"-Bilanz: Ein großer, verblüffender, mehrschichtiger Abend vor allem für den Solotänzer Rolf

Gildenast, der sich als Charakter häutet und bis an seine physische Schmerzgrenze mit seiner fabelhaften, akrobatisch-artistischen Leistung heranreicht.

Neben ihm tanzen hingebungsvoll Diego Brichese als Engidu, Kaori Nakazawa als rachsüchtige Ischtar, Carmen Balochini als Siduri, warm wie die Sonne selbst – der Kreis der Leidenschaften ist geschlossen.

„High Fidelity",
choreographiert 2003

Das Stück beginnt leise, verhalten, balladesk. Zu den rockigen Schmuseliedern von „King" Elvis Presley tanzen das Ensemble und einzelne Solo-Kombinationen körperbetonte Sequenzen im Lichtschneisenraum. Erinnerungen, Träume stellen sich ein - von einer friedlichen Welt, von der Utopie einer toleranten Koexistenz. Bernd Schindowski begibt sich auf eine poetisch-abstrakte Reise, die von den Elvis-Songs charakterisiert und stimuliert werden. Der Choreograph erzählt nicht aus dem Leben des US-Idols. Er wählt das musikalische Repertoire, um von „High Fidelity" zu schwärmen. Den Begriff aus der Elektronik- und Musikbranche übersetzt Schindowski mit Treue zu sich selbst, zur Wahrheit, zur Ehrlichkeit im Umgang mit Themen und Problemen. Und zum Bekennen dionysischer Theatralik, die umkippen kann in den Rausch und abstürzen kann in das Chaos. Der Idylle folgt daher brutal die neue Zeit. Den Sprung in die Gegenwart, Dionysos hat ausgespielt, symbolisiert Schindowski mit seiner „verkabelten" Compagnie. Der Performance-Künstler Benoît Maubrey entwarf elektroakustische Kleider für Tänzerinnen und Tänzer. Aus den Samplern stößt keuchender und verfremdeter Klang hervor. Presleys Hits sind zerfetzt. Kein Friede mehr im Land... Eine laute Spaßgesellschaft übernimmt das Kommando. Doch dann kehrt Schindowski noch einmal, verfremdet und als kitschig verbrämtes Echo, in den Garten Eden der früheren Jahre zurück. Ein Hermaphrodit steigt, auf Schultern und Armen von Friedenstauben flankiert, eine Monumentaltreppe wie aus Broadway-Revuen hinunter. Das Paradies dämmert auf. Dann hüllt den Schönling wallender Nebel ein. High Fidelity war einmal. Neue Gesichter machen im Ensemble auf sich aufmerksam: Cécile Rouverot, Min-Hung Hsieh, Tatiana Marchini oder Maki Taketa stehen stellvertretend für diesen flammenden Elan der Truppe.

Soweit diese Auswahl, die charakterisieren mag, worum es Bernd Schindowski in seinem Tanztheater geht, was ihn bewegt, wie er sich tänzerisch artikuliert. Der Gelsenkirchener Ballettdirektor und Choreograph hat neben einigen wichtigen Tanzschöpfern unserer Tage wie Forsythe, Bausch, Vamos, Spoerli, Hoffmann, Linke oder Neumeier sein durchaus eigenes Profil. Er entwickelt(e) eine persönliche, unverwechselbare Sprache. Sie kann laut und böse und glamourös sein, um schnell wieder in das liedhafte, sehnsuchtsvolle, poetische Temperament zu verfallen. Gerade in den polaren Kontrasten äußert sich die Erzähl-Ästhetik dieses Choreographen. Er treibt seinen grotesken Scherz – und findet schnell wieder zurück zum in sich introvertierten Traumerlebnis. Außerdem scheint es mir müßig zu sein darüber zu streiten, zu welcher Sparte er mehr tendiert – zum Modern Dance oder zum Tanztheater. Schindowski profitiert von beiden Stilkonzepten und sucht sich das jeweils passende „Kleid" aus. Die spezifischen Merkmale von Schindowskis bewegtem Körpertheater? Die Lust an sinnlicher Verfremdung, das Versteckspiel von Wahrheit und Verschleierung, die neue Entdeckung der alltäglichen Absurdität. Mit ihnen treibt Schindowski choreographische Blüten. Das Vokabular, das er in fast jedem Ballett benutzt, baut auf peitschende Arme, auf verknotete Leiber, auf akrobatische Hebungen und Senkungen, auf starken Bodenkontakt und auf ständigen Bezug zum Raum. Schindowski zitiert sich gern und oft. Aber in seinen motivischen Zitaten nimmt er sofort die Chance zur Variation wahr. Er stellt sich auf die jeweilige Compagnie und deren Einzelstärken ein. Diagonalen im meist leeren Raum, nur von Lichtorten unterschiedlich facettiert, zählen ebenfalls zu Indikatoren eines Personalstils. Er lässt „auf Spitze" tanzen, in der Regel als ironische Reminiszenz an das klassische Ballett mit seinem akademischen Regelwerk, erweitert das Repertoire des Modern Dance um virtuose Drehungen und Verschränkungen. Er sucht die Weite einer Bühne und füllt sie mit Szenen vom und über Menschen. Schindowski steuert in nahezu allen großen Arbeiten auf den Tanz als humanistische Idee zu. Er philosophiert mit dem Material, das er am besten einzusetzen weiß: mit den asketischen Körpern seiner Compagnie. Er tritt nicht unbedingt in seinen Kreationen den Beweis dafür an, dass die Schwerkraft des Menschen im Tanz physikalisch aufgehoben wird. Er ist weniger an choreographischen Flügen des Ikarus interessiert. Sein Tanz orientiert sich an den Sehnsuchtsfallen und Traumhoffnungen menschlicher Existenz: die Endlichkeit ist Schindowski bewusst. Und dennoch, er wäre kein intelligenter und interdisziplinär arbeitender Choreograph, wenn er sich nicht aufmachen würde zu den Tanzsternen und dem fernen und doch so nahen Kosmos menschlichen Miteinanders. Glück und Trauer, Schmerz und Trost bewegen sich ständig aufeinander zu. Schindowski peilt die Renaissance des Goldenen Zeitalters in allen seinen Arbeiten an. Wohl wissend, es bleibt bei der Vision, bei der Utopie, bei der Sehnsucht nach der Schönheit, die von innen aus der Seele leuchtet. Er begibt sich in den schwierigen Spagat, eine persönliche Positionierung zu gesellschaftlichen Fragen mit dem jeweils neuen „Abenteuer Tanz" zu verklammern. Darin liegt die Bedeutung des Choreographen und Ballettchefs Bernd Schindowski. Sein Anspruch und sein Rang weisen weit über die regionalen Grenzen hinaus.

Die Kraft seiner Tanzbilder schafft Vertrauen – sowohl innerhalb eines einzelnen Stückes wie auch in das zweieinhalb Jahrzehnte umfassende, unermüdliche Schaffen.

BIOGRAPHIE BERND SCHINDOWSKI

Geboren 1947 in Hagen.
Er absolviert eine Banklehre.
1968 nimmt er ein Ballettstudium auf. Bis 1971 wird er am Institut für Bühnentanz an der Musikhochschule in Köln ausgebildet.
1971-73 Mitglied des Tanzforums Köln. Hier tanzt er in Balletten von Jochen Ulrich, Kurt Jooss, Christopher Bruce und Glen Tetley.
1973-75 folgt ein Zusatzstudium der Pädagogik für klassischen und modernen Tanz am Institut für Bühnentanz in Köln.
1975-78 wird er an das Stadttheater Ulm engagiert als Solotänzer, Trainingsleiter und Choreograph.
1978 wechselt er nach Gelsenkirchen als Ballettchef.
Zu Gastchoreographien wird er in der Folgezeit u.a. nach Brasilien (Curitiba), Berlin, Dresden, Ungarn (Szeged) eingeladen.
1980 wird er mit dem Förderpreis des Landes NRW ausgezeichnet.
Das Kultusministerum NRW bezuschusst das Ballett Schindowski seit 1989 wegen seiner modellhaften Bühnenleistungen, besonders im Bereich von Tanz-Vorstellungen für Kinder und Jugendliche.
2003 Verleihung des Verdienstordens des Landes Nordrhein-Westfalen.

„Das Lachen hilft auch beim Tanzen zu überleben"

Jörg Loskill im Gespräch mit Bernd Schindowski über seine Stationen, seine Ansichten, seine Freuden und Leiden sowie über den Impuls, die eigene Gefühlswelt auf der Bühne zu öffnen

Kommen Sie aus einem musischen oder gar tänzerisch interessierten Elternhaus?

Meine Mutter besaß in meiner Jugend einen unbändigen Bewegungsdrang. Mein Vater war dagegen der große Träumer. Von beiden Elternteilen habe ich profitiert. Bewegung und Tanz, Traum und Poesie – das waren und sind meine Wurzeln. Die Familie war bürgerlich ausgerichtet, also sollte ich einen „normalen" Beruf erlernen – ich absolvierte eine Lehre zum Bankkaufmann. Mir fiel, ich gebe es zu, nichts Besseres für mich ein.

Rein zufällig nahm mich ein Freund mit zur Probe einer privaten Ballettschule in meiner Heimatstadt Hagen. Plötzlich stand ich da in Ballettschuhen und hatte entdeckt, dass „Tänzer" ein Beruf sein kann. Da war ich allerdings schon 20 Jahre alt. Ich meldete mich bei der Kölner Tanz-Akademie und dort wurde ich, als ich von meinem Wunsch, Tänzer zu werden, sprach, gefragt, warum ich denn erst als „Opa" käme? In dieser künstlerischen Sparte müsse man im Kindheitsalter beginnen. Doch ich setzte mich durch. Da ich aus orthopädischen Gründen in meiner Jugend gymnastische Übungen absolvieren musste, besaß ich körperliche Elastizität. Sie kam mir in der harten, stressigen Tanzausbildung zugute. Dennoch war es ein beinahe brutaler, täglicher Kampf, die Ausbildung durchzuhalten, mich den Strapazen als Neuling in einem bereits fortgeschrittenen Ausbildungsjahrgang zu stellen.

Mit Mut und Fleiss habe ich drei Jahre diesem Druck standgehalten und erhielt so eine umfassende Ballettausbildung in der Klassik, einschließlich Graham-Technik, Folklore, Tanzgeschichte, Ballettkomposition und so weiter. Zwischendurch, wie meinen Eltern versprochen, schloss ich meine Banklehre ab. Es stand aber für mich fest, dass ich zum Theater gehen würde.

In meinem ersten Engagement als Tänzer beim Kölner Tanz-Forum von 1971 bis 1973 hatte ich das Glück, eine große Zeit des modernen Tanztheaters mitzuerleben. Ich tanzte in Balletten von Helmut Baumann, Jörg Burth, Jochen Ulrich, Kurt Jooss, Christopher Bruce, Glen Tetley und Gray Veredon. Choreographen wie Tetley, Bruce und später Hans van Manen haben mich entscheidend beeinflusst. Es war eine wunderbare Zeit, aber irgendetwas fehlte mir. Von 1973 – 1975 paukte ich als Erweiterung meiner beruflichen Basis Tanzpädagogik für klassischen und modernen Tanz. Das Studium legte eine weitere Grundlage für meine spätere Profession.

Ulm war nach Köln die nächste Station. Hier haben Sie als Choreograph schon eine deutliche Handschrift bewiesen? Wie kam es zu dieser überraschend schnellen Einladung, eigene Stücke zu kreieren?

Ich bin Günter Pick, damals war er Ballettchef des Ulmer Theaters, sehr dankbar, dass er mich nicht nur als Tänzer, sondern auch als Ballettschöpfer einsetzte.

Bernd und „Lotte"

Nach tänzerischen Aufgaben entstand, ich bemerkte das schon nach den ersten Auftritten in Köln, schnell eine Leere, wenn eine Vorstellung für uns, für mich zu Ende war. Aus diesem Dilemma suchte ich eine Lösung. Ich wollte über den reinen Tanz hinaus – der Wunsch nach eigenen Choreographien entstand. Ich hatte Ideen, ich sah andere und mich in Rollen. Es lag sicherlich auch an dem Wunsch oder dem Drang, mein Innerstes auf theatralisch-künstlerische Weise offen zu legen. Das konnte ich nur als Choreograph. Nach einer Premiere als Tänzer fühlte ich mich ausgebrannt und fertig. Dieses Gefühl kenne ich nicht beim Choreographieren. Da tanzen die Bilder ständig weiter, ich beschäftige mich geistig mit dem Stück, mit der Besetzung, mit der Reaktion des Publikums und so weiter. Mir geht da so vieles durch den Kopf. „Frollein M erinnert sich", „Medea", „Die vier Jahreszeiten" waren die ersten Erfolge in Ulm. Sie machten mir Mut.

Wie kam das Engagement an die Revierbühne zustande? Hatte der Gelsenkirchener Generalintendant Claus Leininger ihre Produktionen gesehen? Oder war er von Ihnen als Tänzer angetan?

Gian-Carlo del Monaco hatte mich bei der Zusammenarbeit in seiner Operninszenierung „Pique Dame" kennengelernt. Er

Bernd Schindowski 1965 im Urlaub in Norwegen

war von mir als Choreograph überzeugt und hat mich Leininger, der 1977 die Leitung in Gelsenkirchen übernommen hatte, empfohlen. Dann ging alles sehr schnell: 1978 übernahm ich am Musiktheater im Revier die Position des Ballettdirektors. Ich war damals gerade mal 30 Jahre alt, als Choreograph eigentlich viel zu jung, ein völliger Gegensatz zu meiner Situation vorher. Leininger nahm das Risiko mit einem Fast-Nobody auf sich. Er hatte sich allerdings in Ulm meine choreographischen Debüts angesehen. Wie schon in Ulm, machte ich auch hier die Erfahrung: Ein Teil des Publikums war über meine Choreographien glücklich und begeistert, ein anderer Teil fand sich provoziert und lehnte mich ab. Meine Ideen, mein Stil, meine Aussagen spalten das Auditorium. Damit kann ich jedoch gut leben. Es sorgt für viel Spannung - auf beiden Seiten.

Ich bin Leininger jedenfalls äußerst dankbar für die Chance, die er mir gab. Er ließ mir von Beginn an viel Freiraum. Seine, unsere Devise war: das Ballett als Sparte am Musiktheater im Revier zu stärken, ihm ein Profil zu geben.

Wollten Sie thematisch mit Tabus brechen?

Stücke wie „Sacre", „Winterreise", „Johannespassion", „Ein deutsches Requiem", „Meddle" und „Das kriminelle Kind" brachen vielleicht mit gesellschaftlichen oder sogar moralischen Tabus. Sie wollten die Sicht auf bestehende Probleme oder humanistische Ziele lenken. Ich will zur Meditation oder zum Nachdenken anregen.

Vielleicht ruft diese Komplexität auch die unterschiedliche, manchmal sogar heftige Reaktion des Publikums auf meine Arbeit hervor. Als Choreograph, als Theatermensch suche ich die Balance zwischen der Verantwortung mir selbst und der Gesellschaft gegenüber sowie der allgemeinen Freiheit der Kunst. Das ist ein ständiger Zwiespalt, ein Druck – aber ein für mich wichtiges Ventil für das kreative Arbeiten für eine Bühne.

Dieser Beruf kennt kein Abschalten. Ich bin immer Tänzer, Choreograph, Motivsucher, Fantast und Interpret. Es kann mir passieren, dass ich während eines alltäglichen Ganges anfange, auf der Straße zu tanzen, Tanzschritte auszuprobieren. Dieses volle Einbezogensein in den theatralischen und künstlerischen Prozess bringt die Schwierigkeit mit sich, Partnerschaften und Freundschaften im Hinblick auf die künstlerische Herausforderung in ein gutes Gleichgewicht zu bringen. Das Private und das Künstlerische durchdringen sich, werden im Laufe der Jahre eins.

Gibt es für Sie ein Tanzstück, das Ihnen besonders am Herzen liegt, an das Sie sich besonders gern erinnern?

Nein. Die jeweilige Choreographie, an der ich aktuell arbeite, steht im Mittelpunkt meines Denkens und Handelns. Sicherlich fallen mir Arbeiten ein, die mich stärker forderten als andere. Aber das Schwierige ist Teil meines künstlerischen Lebensentwurfs. Also muss ich auch diese problematischen Werke akzeptieren. Sie gehören zu mir, sie sind ein Teil von mir.

Ich schaue mir selten alte Videoaufzeichnungen meiner Produktionen an. Sie begegnen mir, wenn ich sie denn einmal bei Wiederaufnahmen oder Neubearbeitungen eines Themas sehe, wie alte, mit Erinnerungen behaftete Fotos.

Ich bedaure auch nicht den ewigen Kreislauf von Theater und Tanz, die immer und immer wieder neue Stücke von uns fordern. Ich schaffe für das Theater im Revier, für die Menschen in Gelsenkirchen und alle Freunde des Tanzes, für diese Zeit und für diese Gesellschaft.

Der Mensch steht in Ihren Choreographien im Mittelpunkt? Sind Sie ein Philanthrop?

Ich erkenne mich mit meiner Verletzbarkeit und meiner Sensibilität in anderen Menschen wieder. Ich will Mut zusprechen, will das Anderssein künstlerisch definieren, freue mich über Außenseiter, die nicht im Strom der Masse einfach mitschwimmen wollen. Ich möchte den Menschen den Freiraum zu eigener Fantasie, zu eigenen Träumen, zur eigenen Sehnsucht öffnen. Der Mensch mit all seiner Zerrissenheit und seinem Harmoniebedürfnis wird immer im Zentrum meiner Choreographien stehen. Da bin ich mir sicher. Denn ich will

Bernd Schindowski 1970 als Tanzstudent
am Kölner Institut für Bühnentanz

mich nicht verstellen, will keine Maske aufsetzen. Ich frage nach Wahrheit und Wirklichkeit. Bei mir und den anderen. Das kann durchaus zu Konflikten führen. Gerade in diesem Punkt setzt die kreative Tätigkeit alle Facetten der menschlichen Unzulänglichkeit frei.

Was hat Sie 25 Jahre in Gelsenkirchen gehalten?

Die Antwort auf diese Frage fällt mir leicht: Ich fand bei den Intendanten Claus Leininger, Matthias Weigmann und Ludwig Baum die Bedingungen für eine gedeihliche und perspektivreiche Tanzarbeit. Schließlich baut man sich durch Kontinuität, durch Beharrlichkeit und seriöses Arbeiten eine Position, ein Profil, einen Qualitätsrang auf. Darauf reagiert wiederum das Publikum, das ich hier sehr schätzen gelernt habe.

Und deshalb gehe ich gezielt auch auf die Jugend in dieser Region zu: Ich möchte, dass das Ballett als ein selbstverständliches Angebot für Menschen aller Altersstufen und jeden Geschlechtes angenommen wird. Und ich bin erfreut, dass ich aus den jungen Leuten auch ein Talentpotential filtern kann, das ich in Choreographien einbauen oder das sich frei in eigenen Produktionen entfalten kann.

Diese kultur- und sozialpolitische Arbeit will ich mit großer Entschiedenheit fortsetzen, wobei mir bewusst ist, dass dies nur mit der verständnisvollen Unterstützung unseres jetzigen Intendanten Peter Theiler und der finanziellen Absicherung durch die Stadt Gelsenkirchen und das Land NRW geschehen kann.

Ballett sei für Sie, sagten Sie einmal mir mir im Gespräch, keine heilige Kuh, sondern manchmal ein verrücktes Huhn, über das man lachen kann. Gilt diese Aussage noch immer?

Alltag, Menschheit, Erfahrung, Traum - das alles ist brüchig und oft absurd. Also gehört auch die Komik und damit auch das Lachen zu meiner künstlerischen Arbeit.

Außerdem merke ich, wie unterschiedlich bei den Menschen die Wahrnehmung über Trauriges oder Lustiges ausfällt. Ich mache ein Angebot, mal gewinnt die Tragödie, mal die Komödie die Oberhand. Darauf darf man und soll man unterschiedlich reagieren können.

Und Lachen hilft beim Überleben.

Bernd Schindowski im Ballettsaal in Ulm 1977
Foto: Peter Kaubisch

oben: Bernd Schindowski 1978 in
„Medea",
Musik: James Whitman,
Foto: Hans Kühn

rechts: Bernd Schindowski 1979 in
„Der wunderbare Mandarin",
Choreograhie: Zoltan Imre,
Musik: Béla Bartók

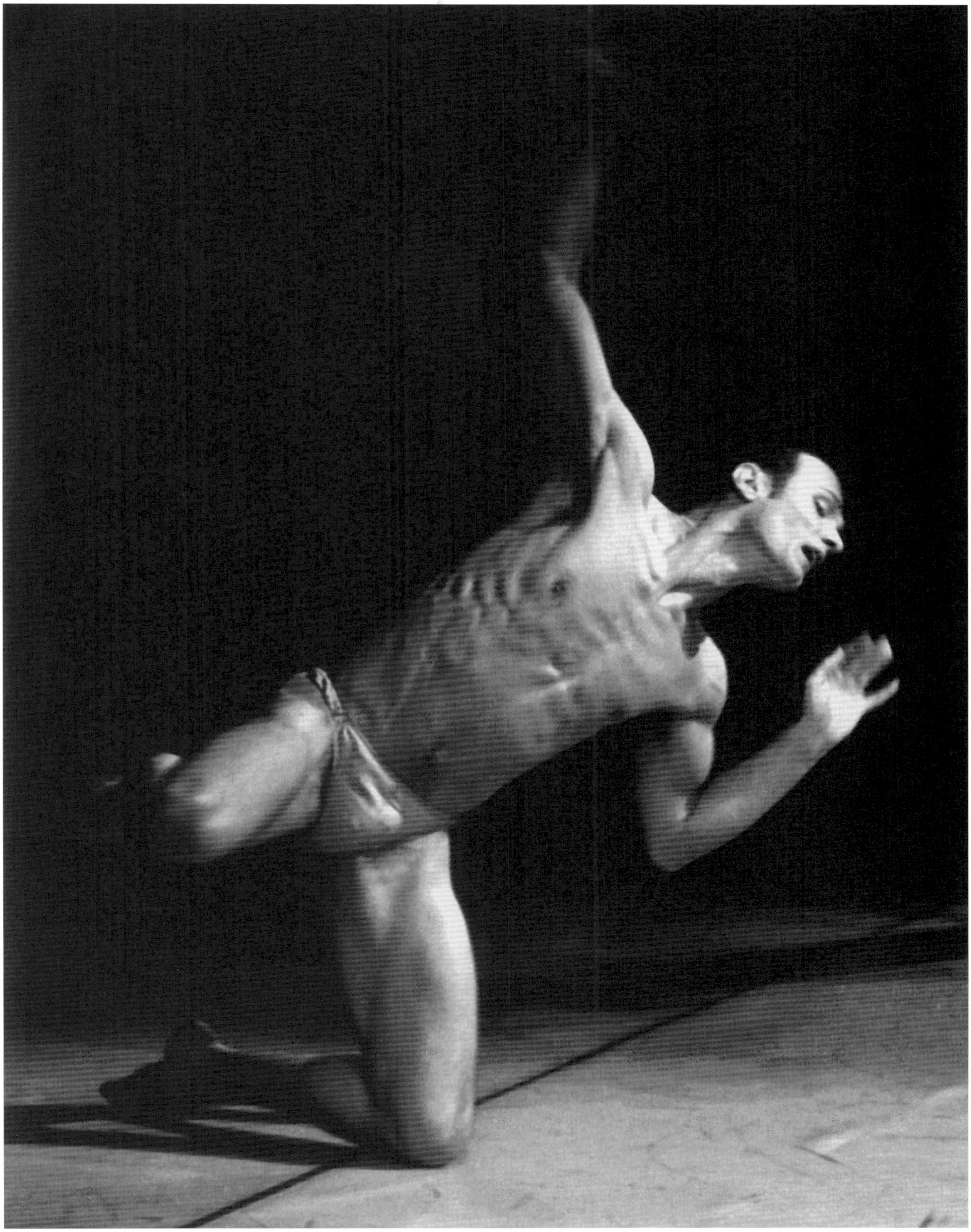

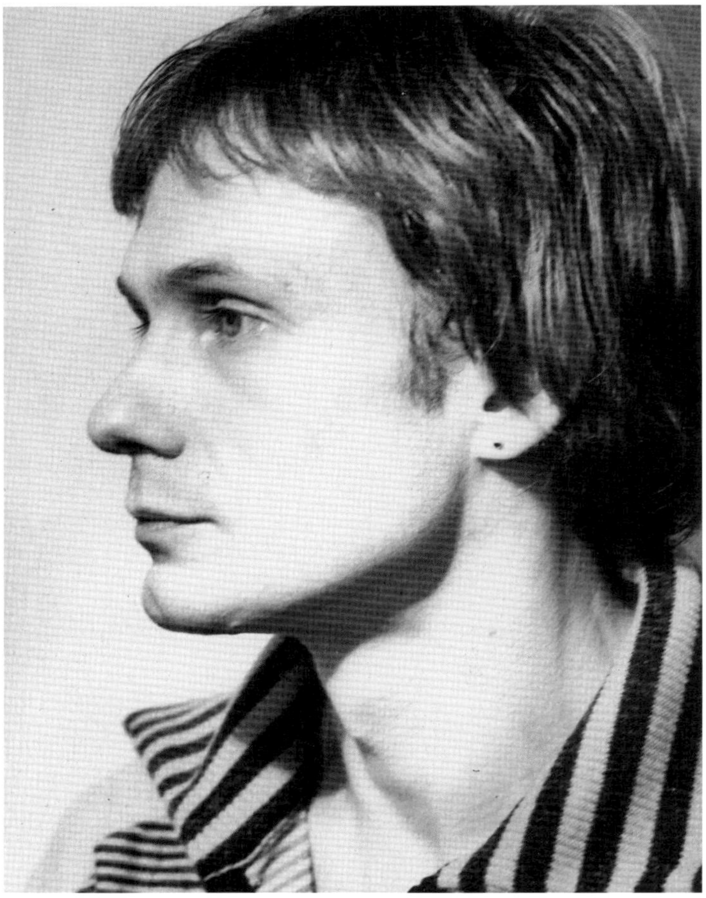

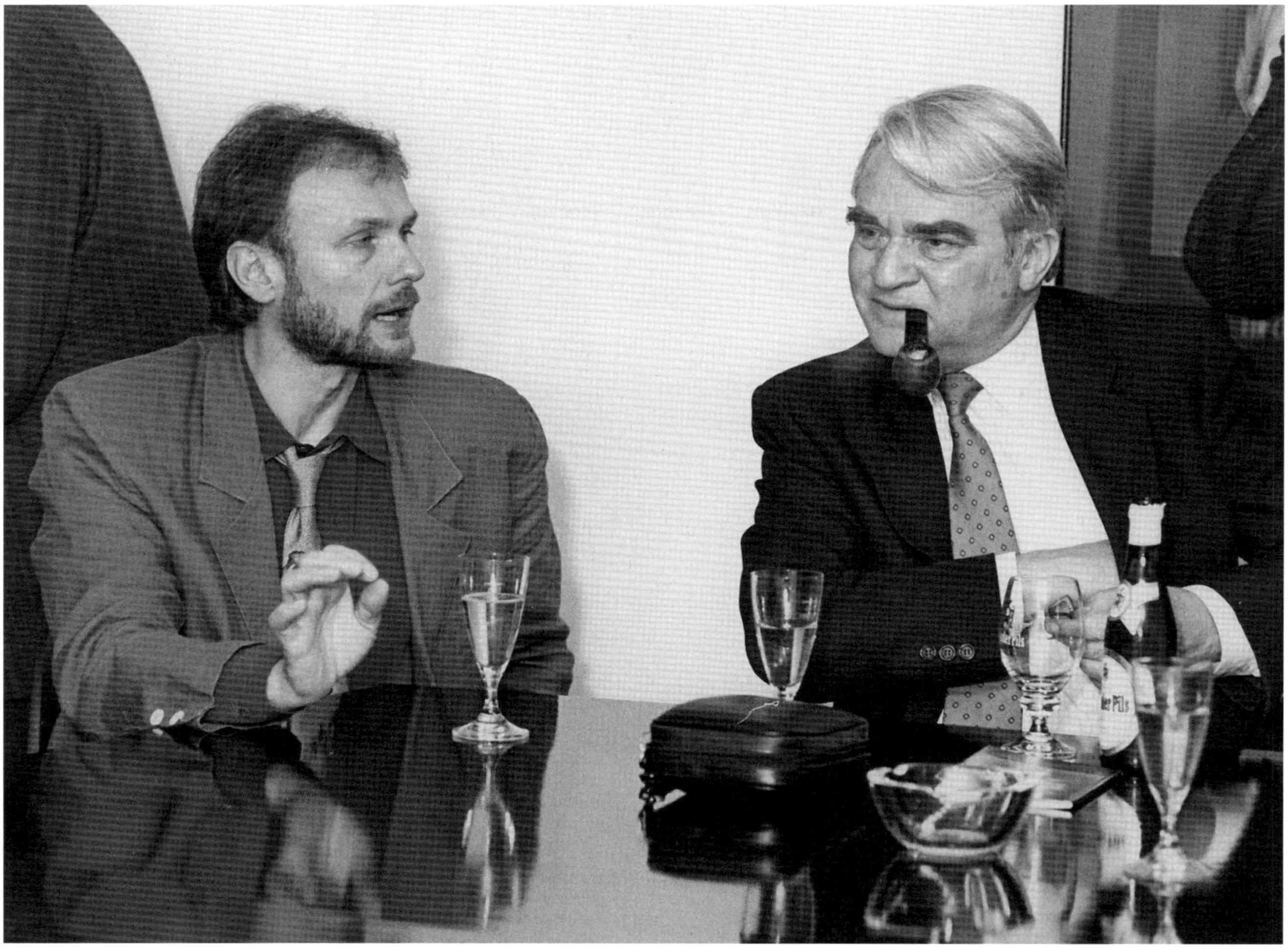
Pils

links oben: Bernd Schindowski bei seinem Arbeitsbeginn als Ballettdirektor 1978
Foto: Ilse Päßler
links unten: Bernd Schindowski 1989 mit Kultusminister Hans Schwier,
als die spezielle Förderung des Ballettes Schindowski durch das Land NRW
bekannt gegeben wurde.
Foto: Cornelia Fischer
oben: Bernd Schindowski 1980 mit Ministerpräsident Johannes Rau
bei der Übergabe des Förderungspreis des Landes Nordrhein-Westfalen
für junge Künstler. Mit im Bild sind u.a. der Gelsenkirchener Autor Michael Klaus
und der Geiger Frank Peter Zimmermann (neben dem Ministerpräsidenten).

„DAS TIEFE VERSTECKEN – WO? AN DER OBERFLÄCHE. BEI DIESEM CHOREOGRAPHEN KANN ICH BALLETT GENIESSEN"

Alfred Biolek, Talkmaster, Produzent, Medienexperte
und Tanztheaterfreund im Interview mit Jörg Loskill

Mit welchen Erwartungen gehen Sie ins Ballett, speziell in eine Produktion von Bernd Schindowski?

Vorweg: Ich bin ein Generalist. Das heißt hier: Ich kann nicht, weil ich die spezifischen Kriterien gar nicht kenne, vom Besten, vom Wichtigsten, vom Überzeugendsten im Tanz sprechen. Zur weiteren Erklärung: Ich bin ein Genussmensch. Das heißt im Wortsinne: Ich genieße Oper, Schauspiel, Musik, Film, bildende Kunst, TV-Inszenierungen – und sehr oft und gern das Ballett. Ich mag das sinnliche und erotische Element im Tanz. Und da interessieren mich die Arbeiten von Bernd Schindowski ganz besonders. Er bietet mir eine Farbe, eine wichtige zudem, im großen Ballettpanorama von Maurice Bejart über Heinz Spoerli bis zu John Neumeier oder Uwe Scholz, mit denen ich ebenfalls seit Jahren befreundet bin. Ich bedaure, dass es kein „Salzburg oder Bayreuth des Balletts" gibt, wo man einmal im Jahr die interessantesten und aufregendsten internationalen Produktionen dieser führenden Choreographen im Vergleich sehen könnte. Also muss ich zu den einzelnen Bühnen fahren. Gelsenkirchen gehört seit vielen Jahren jedenfalls zu meinen obligaten Tanzstationen.

Wie sind Sie auf das Ballett Schindowski aufmerksam geworden?

Ich habe von ihm gehört und gelesen. Bestimmte fundamentale Aspekte des Tanzens – das Verhältnis zum Körper, zum Raum, zur Beziehung Licht und Tänzer – haben mich in seinem Schaffen schon früh neugierig gemacht. Dann lud ich den Gelsenkirchener mit Solisten in meine TV-Gesprächsrunde ein. Daraus ergab sich ein freundschaftlicher Kontakt.

Sind Ihnen bestimmte Choreographien besonders präsent? Welche Stücke haben einen bleibenden Eindruck hinterlassen?

Mich hat die Unbefangenheit, wie Bernd Schindowski den nackten Körper in seine Arbeit einbezieht, sofort interessiert. Er brach und bricht mit dem gesellschaftlichen Tabu in einer Weise, die stückbezogen und tanzimmanent ausfällt. Ich erinnere mich genau an „Johannespassion", ein besonders eindringliches Ballett, das „Goldene Zeitalter" mit den wundervoll ausgemessenen de-Chirico-Räumen, die asketische „Sequenz", das energievolle "Lied der Sonne", das spektakuläre Stück „Meddle" und schließlich an das Tanzoratorium „Gilgamesch-Epos" in jüngster Zeit. Das waren jeweils Abende, die mich inspirierten, dazu gehört auch „Nur wer die Sehnsucht kennt...", die alle die Lust am Tanz demonstrierten und die ich anschließend mit bestem Gewissen weiterempfehlen konnte.

Wie würden Sie den Schindowski-Stil charakterisieren?

Für mich erarbeitet dieser Choreograph kein Tanztheater. Das bringe ich in erster Linie mit Pina Bausch in Verbindung. Bernd Schindowski variiert mit Besessenheit und starker Imaginationskraft den Modern Dance auf der Basis klassischer Traditionen. Für jedes Stück, für jede Idee entwirft er eine eigene, neue, farbenreiche Sprache - ohne jedoch Grundsätzliches und für ihn Typisches außer Acht zu lassen. Dazu zähle ich die starke und theatralische Bildhaftigkeit, die Athletik seiner Compagnie, die Eleganz von Bewegungsabläufen und die unbedingte Musikalität, die aus allen seinen Arbeiten spricht.
In diesem Zusammenhang fällt mir ein Sinn-Wort von Hugo von Hofmannsthal ein: „Das Tiefe verstecken – wo? An der Oberfläche." Ich will damit sagen: Schindowski sehe ich nicht unbedingt mit der Brille des Philosophen oder des literarisch Gründelnden. Gerade auch Oberflächenreize, thematisch, stilistisch oder ästhetisch, haben eine Aussage. Sie nehme ich hier gern und mit großer Anerkennung wahr.

Sie haben auch einmal davon gesprochen, dass Sie Pointen und Überraschungen lieben? Da kommt Ihnen wohl Schindowski mit seinen unerwarteten Wendungen und Paukenschlägen entgegen?

Das kann ich voll unterstreichen. Einen langweiligen Abend habe ich bei der Gelsenkirchener Compagnie noch nie verbracht. Da lugt immer irgendetwas um die Ecke, das man so nicht erwartet hat. Oder Musik und Tanz gehen eine völlig überraschende Beziehung ein. Klischees werden durch die individuelle Fantasie unterlaufen. Dieser Choreograph garantiert eine reizvolle Begegnung mit Themen und Motiven. Er scheint dies geradezu zu einem Stilprinzip gemacht zu haben. Das gibt seinen Arbeiten unverwechselbare Facetten.

Wie ordnen Sie die Schindowski-Arbeit international und national ein? Gibt es für Sie vergleichsweise ähnliche Entwicklungen, wie sie dieser Ballettchef an einem Theater von mittlerer Größe ständig abfordert?

Bernd Schindowski im Gespräch mit Dr. Alfred Biolek

Eine Arbeit wie die von Bernd Schindowski – ich kenne keinen Choreographen, der sich wie er der Mühe unterzieht, sich dem lebhaften, sicherlich auch turbulenten Dialog mit der Tanzjugend zu stellen – ist kaum vergleichbar. Jeder Choreograph hat seinen Stil, seine Qualität und seine Verdienste.

Ich hoffe für Bernd Schindowski, für das Gelsenkirchener Haus, für die Region und für den deutschen Tanz, dass dieser fantasiereiche Einzelgänger seinen Weg weiter voran gehen kann, dass man ihn frei und ohne Kürzungsdruck arbeiten lässt.

Man darf das Theater, die Kultur, das Ballett nicht kaputt sparen, wie es leider in vielen Städten zur Zeit Mode ist. Allerdings: Sparzwang kann auch mal heilsam und innovativ sein, wenn nicht sofort die existenzielle Basis entzogen wird. Die Ressourcen werden überall knapper und kostbarer. Das muss auch die Sparte Ballett und damit auch das Theater ganz allgemein akzeptieren.

Hätten Sie ein persönliches Wunschstück, ein Motiv, eine Erzählidee an Bernd Schindowski für die kommenden Jahre?

Nein. Das wäre eine kühne Illusion. Denn wenn ich in der Tat einen Vorschlag machen würde, wüsste ich ebenso genau: Die Sache wird ganz anders, als ich sie vielleicht erhofft habe. Also überlasse ich dem Visionär und Bildmagier Schindowski sogleich das Tanzfeld. Was ich ihm allerdings wünsche, lässt sich in der Binsenweisheit wie folgt aussprechen: Wer nicht kämpft, hat schon verloren.

Schindowski hat sich bereits 25 Jahre an der Ballettfront vehement eingesetzt und er hat sich einen bedeutenden Platz erobert. Den muss er ständig von Neuem beweisen. Er steht mitten in einem schöpferischen Prozess, der noch lange anhalten soll. Das wünsche ich ihm.

Ich würde gern noch oft in der Zukunft die Fahrt nach Gelsenkirchen unternehmen, um die Tanzeinfälle des Choreographen und die überragende Ästhetik dieser Compagnie genießen zu können.

Das Ballett Schindowski schreibt längst einen eigenen, dezidierten Beitrag zur deutschen und, wie ich meine, europäischen Tanzgeschichte der Gegenwart. Und Bernd Schindowski beherzigt dabei das Motto des großen Pablo Picasso: „Nicht suchen – finden!" Das ist doch der wahre Anspruch. Schindowskis „Fundstücke" warten jedesmal mit einer leidenschaftlich ausgelebten Ambition auf. Und das nach dieser langen, eindrucksvollen Arbeitsphase! Das kreative Reservoir scheint bei ihm unerschöpflich zu sein.

SO ETWAS GUTES IN GELSENKIRCHEN

Von Jürgen Schmude

Der Pott kocht? Was ist neu an der Botschaft? Dass Bergleute und Stahlkocher schwitzen, auch noch im Unterhemd bei der Betreuung ihrer Tauben. Das wussten wir schon. Entsprechende Fotos, symbolisch für das Ruhrgebiet, haben den Betroffenen gefallen und den Ruhrgebietsideologen. Sonst – bundesweit – niemandem. Da genügt es nicht, Akzente zu verschieben. Kontrapunkte müssen her. So, wie Bernd Schindowski das auf seinem Fachgebiet in der Ballettaufführung „Ein deutsches Requiem" nach Brahms (1994) gemacht hat. Den niederdrückenden, lähmenden Ernst der Musik ließ er von Thai-Boxern durchbrechen, die während weiter Passagen der Aufführung ihre Trainingskämpfe austrugen. Wer es anders gewohnt war, ärgerte sich – oder atmete auf.

Zum Aufatmen gibt es in der Rhein-Ruhr-Region Gründe genug. Die alte Fixierung auf die Montanindustrie ist längst beendet. Deren Auswirkungen auf die Umwelt sind so gut wie ganz abgestellt. Die Wirklichkeit ist eine andere geworden, das Lebensgefühl auch. Es gibt viel Neues und Attraktives.

Weithin angesehene und gefeierte Institutionen gibt es natürlich auch, zum Beispiel Schalke 04. Aber das ist wirklich nicht die einzige Identifikationsmöglichkeit mit der Stadt, schreibt die Gelsenkirchenerin Sigrid Brönstrup in einem Leserbrief, den die FAZ am 22. Juni 2001 unter der Überschrift „Glücklich in Gelsenkirchen" veröffentlicht hat. Keineswegs trostlos sei die Stadt, denn sie liege in einem einzigartigen kulturellen Ballungsgebiet. Dabei erwähnt sie besonders das Musiktheater im Revier.

„Dass es so etwas Gutes in Gelsenkirchen gibt, haben wir nicht erwartet", lautete die Reaktion einer großen Gruppe von evangelischen Bischöfen und Kirchenpräsidenten, die bei Gelegenheit einer Tagung in Mülheim im Januar 1989 Schindowskis Ballett „Nur wer die Sehnsucht kennt..." besuchte. Der Choreograph hatte mit seiner ungewöhnlichen Inszenierung die Besucher aus dem ganzen Bundesgebiet überrascht und beeindruckt. Wirkungsvoll hatte er einen seiner vielen Kontrapunkte gegen das vorherrschende Bild von der Region und der Stadt gesetzt. Noch Jahre später wurde ich aus dem Kreis auf meine Initiative zu diesem Theaterbesuch angesprochen. Desinteresse an der Region und Vorurteile ließen sich nach diesem Eindruck nicht halten. Es war, wie die Stuttgarter Zeitung schon im Mai 1988 geschrieben hatte: „Nichts mehr von Gelsenkirchener Barock – Gelsenkirchen tanzt!, heißt die künftige Devise."

Bernd Schindowski tanzt und lässt tanzen. Er zeigt dabei seine eigene Handschrift und originelle Kreativität. Die Zuschauer spüren es und die Rezensenten erkennen es an. Selbst Anleihen von der großen Pina Bausch, von der sie alle gern abschreiben, kann man ihm nicht nachsagen. Seine Leistungen und er selbst mit seinem von Zeit zu Zeit aufgefrischten Ensemble sind einzigartig.

„Dass es so etwas Gutes in Gelsenkirchen gibt...", diese Aussage hatte eine Vorgeschichte, die beträchtlichen Aufschluss gibt über Schindowski und ein wenig auch über die Region und über die Kirche. Ich hatte ihm die mit etwa 60 Personen große kirchliche Gruppe einige Wochen vor der Premiere brieflich angekündigt. Unverzüglich hatte er mir zurückgeschrieben, per Eilboten mit dringender Zustellung, ich könne ja kommen mit meiner Frau, aber die leitenden Geistlichen sollte ich weglassen. Er war besorgt, „dass die Darstellung von Nacktheit (beiderlei Geschlechts) innerhalb Ihres Forums anstößig wirken könnte".

Einen solchen Rückzug lehnte ich rundweg ab und schrieb dazu: „Was wäre das für eine Kirche, deren Vertreter einer solchen Aufführung aus dem Weg gingen, um nicht Anstoß zu nehmen?... Für mich selbst soll klar bleiben, dass Kirche kein Institut für Moralinsäure und Prüderie ist. Heute nicht mehr!" Wirkliche Sünden gäbe es vielfach, aber sie auf seiner Bühne zu befürchten, hätte ich keinen Anlass.

Ich sollte Recht behalten, und zwar nicht nur hinsichtlich der vorzüglichen Aufführung, sondern auch im Blick auf die Kirche. Keiner der Bischöfe und Kirchenpräsidenten ließ sich durch meine Vorabinformation über das zu erwartende Bühnengeschehen von dem Theaterabend abschrecken. Keiner nahm Anstoß.

Die Zeiten unverständiger Prüderie und der Erregung über den angeblichen Tabubruch sind vorbei. Das gilt für die Zuschauer aus der Region und für die Gelsenkirchener, denen 2001 nach dem schwierigen „Gilgamesch-Epos" ein Kritiker gewiss Unrecht mit der Vermutung getan hat, es habe wohl an der „Provinz-Prüderie" gelegen, dass viele Besucher das Theater in der Pause verlassen hätten. Die Region verfügt nicht nur über das reichhaltigste Theaterangebot eines städtischen Siedlungsraums in Deutschland, sondern auch über erfahrene und informierte Theaterfreunde, die in ihrer Aufgeschlossenheit den Zuschauern in Berlin, Hamburg oder München nicht nachstehen. Da ist weder Provinz noch „Opas Gesellschaft" zu finden.

Die Compagnie 1994 bei einem Schiffsausflug nach Bonn mit Jürgen Schmude als Gastgeber und Joachim Poß (MdB)

Auch „Opas Kirche" gibt es nicht mehr. Ja, Sünde gibt es mehr als genug: In der Verbindung von Egoismus und der Vergötzung von Wohlstand, Macht, Sexualität und anderem. Mit einer künstlerischen Bühnendarstellung hat das nichts zu tun.

Bernd Schindowski hatte in seinem Brief mit der Warnung vor dem kirchlichen Gruppenbesuch 1989 angemerkt: „Es ist sicher unnötig zu sagen, dass ich selbst von einem christlichen Standpunkt aus arbeite". Damit darf man ihn nicht einfach für Kirche und Christentum vereinnahmen. Wie er es meint, wird erkennbar an seinen Interpretationen einer ganzen Reihe von geistlichen Musikwerken. Seine „Johannespassion" (1991) wurde in das Kulturprogramm des evangelischen Kirchentags im Ruhrgebiet aufgenommen und war mit einem Ausschnitt sogar im Schlussgottesdienst am 9. Juni 1991 in dem mit 80.000 Teilnehmern voll besetzten Gelsenkirchener Schalke-Stadion zu erleben. Weiterhin ist besonders das Ballett „Box Of Pearls" (2000) zu nennen, in dem er eine Auswahl von Bach-Kantaten in Tanz umgesetzt hat. In der Rolle des Missionars oder Verkündigers sieht Schindowski sich bei der Arbeit mit geistlicher Musik jedoch nicht. Er lässt sich als Choreograph von der Musik anregen und setzt sie ohne jede Überhöhung mit einfachen, aber gut durchdachten und wirkungsvollen Mitteln um. Frömmelnde Unterwürfigkeit oder erhebenden Sakralkitsch muss man bei ihm nicht befürchten.

Was er mit seinen Interpretationen ausdrücken will, das lässt er nicht nur bei geistlicher Musik verbal ungesagt. Er arbeitet „aus dem Bauch heraus", aus dem Gefühl und für die Gefühle und die Phantasie der Betrachter. Sie sollen aufnehmen und für sich deuten, was sie sehen und erleben. Sie sollen aber nicht mit Worten erklärt bekommen, was sie eigentlich verstanden haben müssten.

25 Jahre Ballett Schindowski, das ist eine lange Zeit einfallsreicher, ungewöhnlicher und faszinierender Kreationen. Sie reichen bis in die Gegenwart hinein, sind jetzt zu erleben und weiterhin zu erwarten.

Immer neue Ideen und künstlerische Einfälle sind die eine Seite des Wirkens von Bernd Schindowski, solide und genaue professionelle Arbeit ist die andere. Leicht sind seine Anforderungen für die Tänzer nicht zu erfüllen, auch wenn sie nicht immer die ungewöhnlichen körperlichen Höchstleistungen erbringen müssen, wie sie Rubens Reis in der „Johannespassion" und Rolf Gildenast im „Gilgamesch-Epos" gezeigt haben. Das Ergebnis der Einstudierungen jedenfalls kann sich sehen lassen und ist stimmig. Das erlebt man besonders beeindruckend im Großen Haus, wenn auf verschiedenen Ebenen und Elementen der Bühne gleichzeitig getanzt wird. Da verwirklicht sich ein einheitliches Ganzes, zu dem jede Tänzerin und jeder Tänzer von der ersten bis zur letzten Sekunde ihrer Bühnenpräsenz beitragen. Wer will, kann dort lernen, wie man Alltagschoreographien erkennt und deutet, die sich in einer Gruppe oder Menge ergeben, in der einige scheinbar ohne Verbindung miteinander gleiche Ziele verfolgen und sich – kaum merklich – entsprechend verhalten.

Mit seiner markanten, hochprofessionellen und im Ergebnis fesselnden Ballettarbeit ist Bernd Schindowski ein Solitär mit weitreichender Bedeutung und bundesweiter Resonanz. Er kann es nur sein mit Eigenständigkeit und künstlerischer Freiheit. Sie müssen ihm bleiben, sie dürfen weder eingeengt noch abgeschmolzen werden.

Dass es mit der überregionalen, bundesweiten Resonanz im Lauf der Jahre unterschiedlich aussieht, darf nicht zu Fehlschlüssen verleiten. Es gibt da das Auf und Ab, es gibt die Neigung zur Wahrnehmung der Metropolen und es gibt auch Reste der alten Zurückhaltung gegenüber dem Ruhrgebiet. Das darf um der hier lebenden Menschen willen nicht noch bestätigt, dagegen muss angekämpft werden, mit den Mitteln der Kunst und mit den Mitteln, die die Kunst zum Leben und Arbeiten braucht.

In den Aufführungen von Bernd Schindowski und seinem Ensemble kann man sich begeistern und fesseln lassen von einer anderen Welt, einer Welt, in der Menschen aufs Fliegen aus sind, aber dabei nicht abheben, sondern über das Wundern und Staunen hinaus menschliche Anteilnahme erregen. Das Erlebnis schreibt sich fest ins Gefühl und ins Gedächtnis der Zuschauer. So kann es nach Hause mitgenommen werden, als Anregung für die Fantasie, als Gesprächsstoff und als Anreiz für den Wunsch, bei nächster Gelegenheit mehr davon aufzunehmen. Bernd Schindowski steht dafür, diese Erwartung immer wieder zu erfüllen. „So etwas Gutes in Gelsenkirchen" brauchen die Menschen in der Stadt und in der Region, heute nicht weniger als vor 25 Jahren.

Die Compagnie 1991 bei ihrem Auftritt im Schlussgottesdienst des Deutschen Evangelischen Kirchentages mit einem Ausschnitt aus dem Ballett „Johannespassion" im Gelsenkirchener Schalke-Stadion

BERND SCHINDOWSKI – EIN DIONYSISCHER MAGIER DES TANZES

Von Konrad Schilling

... und mit Agaves Stimme aus Euripides „Bakchen" möchte ich singen: „Nimm mich auf in den Tanz, Dionysos, nimm mich zu dir im Tanz, Dionysos, nimm den Stab, den ich aufnahm, nimm das Kleid, das ich auszog, nimm das Rot meiner Wangen, nimm die Röte meiner Augen; nimm mir die Scham und nimm mir die Trauer".

Aus dem Programmheft zu „High Fidelity": Text aus den „Bakchen" nach Euripides von Raoul Schrott

...Nimm mich auf in den Tanz, Dionysos...

Bernd Schindowski muss nicht als Priester des Kultes selbst auf der Bühne stehen... Er muss nicht das Rauschhafte, das Elvis und auch Dionysos auslösen, in seiner Person bündeln. Er selbst schafft mit seiner Kunst, mit seinen Tanzreigen aus dionysischem Urgrund wieder und wieder jene androgyne Welt, deren stärkste Ausdrucksform der Tanz ist, er läßt jene Hymnen an den Sinnenrausch, an die Leidenschaften, die Liebe schlechthin vielgestaltig in die Körper seiner Tänzer fließen, sie sind die Gefäße seiner kaum zu bändigenden Sehnsucht nach der Vollkommenheit menschlicher Schönheit, sie sind seine Zeugen für die Einheit von Körper und Geist, sie sind der Versuch, über die Körperskulpturen seiner Tänzer zu jenem Punkt vorzudringen, an dem die Schöpfung den Menschen mit all seiner Widersprüchlichkeit, Gefährdung und Glücksverheißung in die Welt entläßt.

Bernd Schindowski schafft das Gefäß, ja, er ist das Gefäß, aus dem die Körper seiner Tänzer aufsteigen in die Sphären der Kunst und wieder zurücksinken.

Die Qualität von Schindowskis Arbeit erwächst aus der Intensität der Sublimierung seiner tiefen Visionen und Leidenschaften, der Freude an Spiel und Fantasie. Eine immer wieder neu zu erkämpfende Gültigkeit ist damit verbunden, die in sich jeweils Krönung und Scheitern birgt. Schindowski stellt sich dieser Herausforderung, immer gefährdet, missverstanden zu werden, immer wieder die Pforte zu unbeschreiblicher Schönheit und Glücksgefühlen aufstoßend.

Bernd Schindowskis künstlerische Arbeit widmet sich überwiegend dem Menschheitsthema LIEBE als Kraftquelle schöpferischer Inspiration, als Eruption gefühlsmäßiger Hinwendung zum DU, als Beginn erotischer Aufbrüche...

Die Verwandlung seiner Ideen und Entwürfe in Tanz steht ganz im Zeichen seiner Liebe zu Farbe und Licht, zur Skulptur des menschlichen Körpers, zu Nacktheit und Eros.

Als ein Stilmittel von Choreographen hat sich Nacktheit seit längerer Zeit durchgesetzt. Soweit ich es beurteilen kann, gehört Bernd Schindowski aber zu jenen wenigen Künstlerinnen und Künstlern, die den unbekleideten Körper als wichtiges Prinzip für die tänzerische Arbeit kontinuierlich, wo es inhaltlich konsequent ist, einsetzen. Dabei ist es unerheblich, ob es Tänzerinnen (z.B. „Reise nach Kythera") oder Tänzer (z.B. "Gilgamesch-Epos") sind, die hüllenlos die Schönheit des menschlichen Körpers widerspiegeln, es gilt einzig das Prinzip der thematischen Sinnfälligkeit und stilistischen Optimierung des Ausdrucks.

...Nichts ist so sinnlich wie der tanzende Körper...

Auch in den „westlichen" Kulturen ist der unbekleidete Körper noch immer keine Selbstverständlichkeit. Bernd Schindowski aber will mit der Nacktheit seiner Tänzer nicht provozieren. Er setzt sie zart oder elementar hart, im besten Sinne des Wortes immer keusch ein, um von Fall zu Fall das Thema der Liebe hin zur elementaren Ursprünglichkeit des Menschen, „nackt wie Gott ihn schuf", ins Bewußtsein zu heben. Schönheit, Poesie, Innigkeit – Radikalität, Humanität, Leidenschaft dominieren als Antriebskräfte der künstlerischen Gestaltung. Der Mensch als einzigartige „Krone der Schöpfung" steht im Zentrum einer immer aufs Neue selbstgesetzten Hinwendung zu zentralen Fragen des Seins: Die Zerbrechlichkeit menschlicher Schönheit, das oft quälende Ringen um Sinnerfüllung, die Gestaltung von Liebe als elementares Ereignis, die Demut gegenüber religiösen Inhalten sind die Fundamente der künstlerischen Arbeit des Gelsenkirchener Choreographen.

Liebe ist bei Bernd Schindowski Mysterium, Verlangen, Erfüllung, Rausch, Selbstaufgabe, Verlust ...

So wie sich die Körper der Tänzer zur Reinheit und Klarheit auf der Bühne verwandeln, so gelingt es dem „Magier", deren wirkliche Erscheinung künstlerisch zu überhöhen.

Die Kühnheit der Ideen und Entwürfe wird umgesetzt durch Präzision, Freude an der Bewegung, unerschrockene Transparenz. Bei Schindowski wird der Tanz zum Spiegel der Schönheit des menschlichen Körpers, und das mit aller Konsequenz.

1976 begann ich mit meiner Tätigkeit als Kulturdezernent der Arbeitergroßstadt Duisburg, 1978 wurde Bernd Schindowski Ballettchef in Gelsenkirchen. Im Laufe der Jahre wurde das

Foto für einen Plakatentwrf für die „16. Duisburger Akzente" zum Thema „Über die Liebe"
Foto: Thomas Schweizer

Ballett des Gelsenkirchener Hauses mehrfach nach Duisburg eingeladen, der persönliche Kontakt zu dem Choreographen enger.

Soweit von mir zu verantworten, gipfelten die 1977 erstmals durchgeführten „DUISBURGER AKZENTE" bei meinem Ausscheiden 1992 aus dem Amt in dem Kulturfest „ÜBER DIE LIEBE" – Eros, Sexus und die Gesellschaft.

Mit der reichen Erfahrung von nunmehr 16 Jahren – ich war auch persönlich fasziniert von der Thematik – entfaltete das alle Sparten der Kunst und Kultur, der Wissenschaft und Forschung umfassende Programm im Zentrum der Stadt und in den sieben Bezirken einen breiten Fächer der vielfältigsten Befassung mit diesem Menschheitsthema.

Was lag näher, als bei diesen AKZENTEN eng mit Bernd Schindowski zusammenzuarbeiten, dessen großes Thema die Liebessehnsucht ja von Anfang an war. Auf drei Feldern wurde die Mitarbeit des Choreographen gewonnen:
– bei der Gestaltung des Plakates und Faltblattes für die 16. Duisburger Akzente,
– bei der Idee, Bernd Schindowski im Sinne der Gestaltung eines Gesamtkunstwerkes mit der Konzeption eines Bühnenstückes zu beauftragen, in dem Musik, Gesang, Tanz und bildende Kunst zu einem Ganzen verschmolzen werden sollten,
– schließlich sollte der Tanz im Gesamtprogramm einen Schwerpunkt bilden mit Heinz Spoerlis „Verklärte Nacht" und der „Josephslegende", dem 3. Europäischen Jugendtanz-Festival mit seinen verschiedenen Tanzstücken verantwortet vor allen von Ulla Weltike und Balletten von Bernd Schindowski, nämlich „Reise nach Kythera", „Das kriminelle Kind" und den 1988 im Teatro Guaira/Curitiba in Brasilien aufgeführten „Reigen".

Es war die Idee des Ballettchefs, bei der Plakatgestaltung zwei seiner Tänzer, nämlich Emma-Louise Jordan und Andreas Etter, die eng miteinander befreundet waren, für eine „Paradies-Szene" zu gewinnen, wobei natürlich der Apfel eine besondere Rolle zu spielen hatte. Das abgebildete Ergebnis des in einem Düsseldorfer Studio durch den Fotografen Thomas Schweizer entstandenen Bildes lässt nur erahnen, welche umfangreichen Vorbereitungen und Aktionen die Idee Bernd Schindowskis auslöste. Zunächst wurden auf dem Markt in Gelsenkirchen zwei Säcke „Elstar" gekauft, von Duisburg und Gelsenkirchen reisten Kulturmenschen und Tänzer in die Landeshauptstadt und nahmen sich zunächst die Äpfel vor, die rechteckig beschnitten und, um ein Anlaufen zu verhindern, in Wasser mit Zitronensaft geworfen wurden. Alle Anwesenden versuchten, die abgeschnittenen Apfelstücke, reines köstliches Fruchtfleisch, nicht verkommen zu lassen und verspeisten soviel Apfelstücke als irgend möglich, bis die Münder durch die Fruchtsäure mehr und mehr litten. Trotz dieser Essorgie blieben noch viele Apfelstücke übrig, die wir in einen eigenen Eimer mit Zitronenwasser warfen und anschließend säckchenweise mit nach Hause nahmen. Ich erinnere mich, dass meine Familie noch mindestens zwei Wochen damit zu tun hatte. Mit unendlicher Geduld legten sich dann Emma und Andreas immer erneut in den Apfelteppich, bis eine geeignete Bildgestaltung erreicht war.

Das wiedergegebene, vom Duisburger Grafiker Claus Schneider gestaltete Plakat macht deutlich, dass schließlich das paradiesische Paar, sich gegenseitig einen Apfel reichend, in körperlicher Zuwendung, in das Zentrum der Gestaltung gerückt wurde – ohne den Apfelteppich.

Die Vorbereitungen für das große Bühnen-Liebesprojekt begannen bereits im Frühjahr 1991, nachdem die Zusagen für eine enge Zusammenarbeit zwischen der Deutschen Oper am Rhein Düsseldorf/Duisburg (für die Sänger), dem Musiktheater im Revier (Ballett Schindowski) und dem Westfälischen Sinfonieorchester Recklinghausen vorlagen und auch die Finanzierung dieser Eigenproduktion der DUISBURGER AKZENTE durch die Stiftung Kunst und Kultur das Landes Nordrhein-Westfalen, die Firma Franz Haniel & Cie in Duisburg und die Stadtsparkasse Duisburg gesichert war.

Die Hauptrolle sollte nach den Vorstellungen von Bernd Schindowski und mir die international gefeierte Mezzosopranistin Trudeliese Schmidt übernehmen, die auf Grund ihrer hocherotischen Gestaltung der „Carlotta Nardi" in Franz Schreckers „Die Gezeichneten" für die Intentsionen der geplanten Inszenierung und Choreographie die nötige Kühnheit und den entsprechend überragenden künstlerischen Rang gewährleisten konnte.

Leider musste später doch auf ihre Mitwirkung verzichtet werden, weil in der schließlich für diesen Abend ausgewählten Puccini-Musik Opernrollen für Mezzosopran nicht enthalten waren.

Unser Projekt: „Was mir die Liebe erzählt" – Uno scenario diffuso d'amore – bekam damit einen Akt „dramatico". Noch heute bedaure ich, dass es damals nicht zur Zusammenarbeit mit dieser bedeutenden Künstlerin kommen konnte.

Unserem großen Liebesprojekt und meinen hochgespannten Erwartungen wurde schließlich nicht der ganz große erhoffte Erfolg zuteil, was mich, von meiner Arbeit als Kulturdezernent der Stadt Duisburg Abschied nehmend, doch ein wenig traurig stimmte.

Ich weiß nicht, ob es Bernds Absicht war, diesen meinen Kummer zu glätten, jedenfalls widmete er seinem „Freund Konrad" ein Jahr später in Gelsenkirchen sein bezauberndes neues Stück: „Etude Pathétique" – Fantasie über das Glück zu der Musik Franz Liszts, das in der hinreißenden Gestaltung durch sein besonders homogenes Ensemble für mich zu einem großen Glückserlebnis wurde. Und … Glück gehört neben dem Können eben auch zu all unserem Tun.

Ein Vierteljahrhundert arbeitet Bernd Schindowski nun schon als Choreograph und Direktor seines Ballettensembles in Gelsenkirchen, eine Zeit, in der sich nicht nur sein ganz eigener, völlig unverwechselbarer Tanzstil, Aufmerksamkeit

16. DUISBURGER AKZENTE
ÜBER DIE LIEBE — EROS, SEXUS UND DIE GESELLSCHAFT
25. APRIL – 28. MAI 1992

PROGRAMM: KULTURDEZERNAT – TEL. 0203/283 2019
STADT DUISBURG · DER OBERSTADTDIREKTOR

fordernd, herausgebildet hat, sondern auch seine Anforderungen an Tänzerinnen und Tänzer gewachsen sind.

Bezeichnend für seine künstlerischen Anforderungen ist zum Beispiel der Umgang mit Licht auf der Bühne, wo Schindowski auf einer ausgesprochenen, durchaus nicht üblichen Brillanz der Beleuchtung beharrt, die die Körperlichkeit der Tänzerinnen und Tänzer gnadenlos transparent macht und jede Unsicherheit oder nur äußerliche Schönheit aufdeckt.

Der „Magier des Tanzes", wie ich ihn apostrophiere, analysiert die jeweiligen Begabungen seines Ensembles, setzt sich mit den Qualitäten der Einzelnen künstlerisch und menschlich auseinander. Der strenge Maßstab dessen, was der Choreograph meint, spiegelt sich wohl in den zehn Porträts, zumeist von Tänzern, wider, die diesem Band beigegeben sind. In ihnen werden junge Mädchen/Frauen und Jungen/Männer aus einer 25jährigen Arbeit besonders vorgestellt.

Bernd Schindowski schafft immer und immer wieder einen Kosmos des Tanzes, er selbst ist ein Kosmos der Fantasie. Gerade das unterscheidet ihn von den meisten Ballett-Prinzipalen, dass er mit dem Gelsenkirchener Musiktheater, mit Stadt und Region so eins geworden ist, wie es heute zu den ganz seltenen Glücksfällen gezählt werden muss. Diese Kontinuität wäre nicht möglich, wenn sich der Choreograph nicht immer wieder der Herausforderung stellen würde, Neues zu schaffen. Ein schier unerschöpflicher Reichtum an Ideen kommt ihm hier zustatten. Wieviele Ballettdirektoren wechseln nach sechs oder acht Jahren die Häuser und beginnen nicht selten in der neuen Stadt mit alten Erfolgsstücken. Diesem Weg verschließt sich Bernd Schindowski und er macht auch nur selten von der Möglichkeit Gebrauch, Gastchoreographen einzuladen.

In der Welt des Tanzes scheiden Stilfragen die Anhänger der einzelnen Compagnien, sind die Choreographen fast ausschließlich auf die eigenen Auffassungen und Tanztraditionen festgelegt. Tanzenthusiasten haben ihre Präferenzen, Tänzer und Choreographen haben ihre Ausschließlichkeiten: Die gilt nur dieser oder jener Truppe, andere werden bis zum Verdikt schroff abgelehnt oder hartnäckig bekämpft. Diese Ausschließlichkeiten sind nach meinem Eindruck rigider als bei Oper und Schauspiel.

Wenn Tanz so radikal und ausschließlich artikuliert wird, nimmt es nicht wunder, wenn auch Presse und Publikum häufig kategorisch urteilen. Bei Bernd Schindowskis Arbeit ist man in der Regel „dafür" oder „dagegen", seine „Fans" sind enthusiastisch, Gegner vergleichsweise zurückhaltend in der Diktion. Die größten Regisseure und Choreographen lassen es uns immer wieder erleben: Erfolg ist nichts Vorgegebenes, Garantiertes, Erfolg muss auf der Bühne immer wieder von neuem erkämpft werden. Da gibt es schon deutliche Unterschiede in den Künsten, wenn man etwa an Malerei und Skulptur denkt, deren Protagonisten, einmal von Erfolg gekrönt, sich diesen dann auch zumeist bis zum Lebensende sichern können.

Ich sinne nach über das Geschriebene und will wichtige Eindrücke zu Bernd Schindowski in einige Begriffe zu fassen versuchen, für die er meines Erachtens steht: Leidenschaft, Naivität, Kühnheit, Genialität, Sensibilität, Unerschrockenheit, Weisheit...

Die Welt des Tanzes hat in Gelsenkirchen einen „Magier", es ist Bernd Schindowski. Rose Ausländer, die große deutschjüdische Lyrikerin schrieb:

„Wir wohnen Wort an Wort – sag mir Dein Liebstes, Freund, meines heißt DU".

DAS BALLETT SCHINDOWSKI. EIN STARKES STÜCK.

Von Norbert Lammert

Es gibt viele international renommierte Choreographen und Ballettchefs in Deutschland. Bernd Schindowski ist in mancherlei Beziehung eine Ausnahmeerscheinung. Dies gilt zum einen für seine feste Verwurzelung in der Region. Wer 25 Jahre in der wohl flüchtigsten aller darstellenden Künste als Ballettdirektor bestehen kann, muss über besondere Qualitäten verfügen. Allein die Zeitspanne eines Vierteljahrhunderts hat beinahe schon einen Epochencharakter, von dem Berliner Ballettchefs, die kaum noch ganze Jahre durchhalten, nur träumen können. Seit 1978 hat das „Ballett Schindowski" unter wechselnden Intendanten zum guten Ruf des Musiktheaters im Revier beigetragen und ist zu einem Markenzeichen der Stadt und der Region geworden.

Ein starkes Stück Ruhrgebiet

Außergewöhnlich ist auch das sehr breite und ausgefallene Repertoire, das Bernd Schindowski im Laufe seiner Karriere entwickelt hat. Er wagte sich an Ur-, Erst-, Wieder- und Neuaufführungen von Werken und Themen, die zu tanzen als unmöglich oder undenkbar galt. Jedenfalls hätte ich mir über das „Gilgamesch-Epos" mit seinen gewaltigen Handlungssträngen eher einen italienischen Monumentalfilm vorstellen können als das von Schindowski und dem Bochumer Komponisten Stefan Heucke realisierte Tanzoratorium.

Unter den mehr als siebzig Choreographien, die in dieser ungewöhnlich langen Zeit an einem Haus entstanden sind, gibt es manche herausragende Produktionen. Mich hat ganz besonders die Auseinandersetzung von Bernd Schindowski und seinem Ballett mit sakraler Musik und religiösen Themen beeindruckt. Dazu gehört seine Interpretation der „Johannespassion" von Johann Sebastian Bach, die die Zuschauer durch provozierende Bilder zu einer neuen Wahrnehmung allzu bekannter Texte und vielleicht zu oft gehörter Musik zwang.

Unvergesslich bleibt mir auch das grandiose Tanz-Solo zu Marcel Dupré Orgel-Improvisationen über „Die vierzehn Stationen des Kreuzweges" durch Rubens Reis, der seit vielen Jahren eine der prägenden Persönlichkeiten dieser Compagnie ist.

Ein ganz starkes Stück Tanztheater

Es gibt nicht mehr viele Stadt- und Staatstheater in Deutschland, die das Kinder- und Jugendtheater als ureigene Aufgabe begreifen und nicht von anderen, zumeist freien Gruppen die Neugier ihres künftigen Publikums wecken lassen. Noch seltener kommt es vor, dass Intendanten und Chefregisseure sich selbst darum kümmern. Auch in dieser Beziehung ist Bernd Schindowski eine Ausnahmeerscheinung.

Seit Jahren erarbeitet Schindowski immer wieder mit Jugendlichen aus wechselnden Schulen, nicht nur aus Gelsenkirchen, Tanzproduktionen, deren künstlerischer Anspruch oft nicht weniger beeindruckt als die Begeisterung und Spielfreude der jungen Leute und ihres jubelnden Anhangs. Stücke wie „Turtle Dreams" oder „Heavy Music – Cool Love", das immer wieder neu, im Juni 2003 dann zum sechsten Mal aufgeführt wird, sind mehr als nur gruppendynamische Selbsterfahrungen Heranwachsender: Sie sind erstklassige Werbung für die Tanzkunst und zugleich beste Nachwuchsförderung – vor regelmäßig vollem Haus. Dabei verdient besondere Beachtung, dass die Teilnehmer an diesen Produktionen nicht nur aus „höheren Schulen", sondern auch aus „sozialen Brennpunkten" gewonnen werden. So trägt Schindowski zur Stadtentwicklung gleich zweifach bei: künstlerisch und sozial.

Ein starkes Stück Pädagogik, das mehr Nachahmung an anderen Theatern verdient.

Bernd Schindowski und sein Ballett entwickeln den Tanz weiter. Sie leisten harte Arbeit für einen „weichen", aber bedeutenden Standortfaktor im Ruhrgebiet.

BILDERBOGEN 25 JAHRE BALLETT SCHINDOWSKI

Seite 33
Plakat zur Produktion „Schwanensee"
Rubens Reis, Fernanda Guimarães

Seite 34
oben: **Sacre**
Rubens Reis
unten: **Roi Ubu**
Ensemble

Seite 35
oben: **Johannespassion**
Gianni Malfer
unten: **Stabat Mater**
Rita Barretto, Rubens Reis

Seite 36
oben: **Johannespassion**
Marta Nejm, Gianni Malfer und Ensemble
unten: **Angie**
Carmen Balochini

Seite 37
Angie
Alberto Huetos, Carmen Balochini, Rubens Reis

Seite 38
oben: **Auf ein Neues...!**
Rolf Gildenast, Carmen Balochini
unten: **appassionato – Beethovensonaten**
Valter Azevedo, Marika Carena

Seite 39
appassionato – Beethovensonaten
Chiou-o Chiang, Dan King

Seite 40
oben: **Box Of Pearls – Bachkantaten**
Kaori Nakazawa, Duncan Hume
unten: **Box Of Pearls – Bachkantate**n
Tobias Kühn, Kaori Nakazawa

Seite 41
oben: **Gilgamesch-Epos**
Kaori Nakazawa
unten: **Reise nach Kythera**
Tobias Kühn, Marianela Garcia March, Alexander Cowie

Seite 42
oben: **La Belle et la Bête**
Rubens Reis, Rolf Gildenast, Rita Barretto
unten: **La Belle et la Bête**
Carmen Balochini

Seite 43
Photoptosis
Ensemble

Seite 44
Petruschka
Rubens Reis

Seite 45
oben: **Lied der Sonne**
Gianni Malfer, Alison Cross
unten: **Meddle**
Eunice de Oliveira

Seite 46
oben: **Standbein – Spielbein**
Thiago Junqueira, Maki Taketa, Kostyantyn Grynyuk
unten: **Die Erschaffung der Welt**
Tony Vezich, Bira Fernandez, Kaori Nakazawa, Jane van Fraassen

Seite 47
oben: **West Side Rap – das Gebot der Straße**
Ensemble
unten: **West Side Rap – das Gebot der Straße**
Rolf Gildenast, Charlotta Ruth, Rubens Reis
und Ensemble

Seite 48
Roi Ubu
Rubens Reis

33

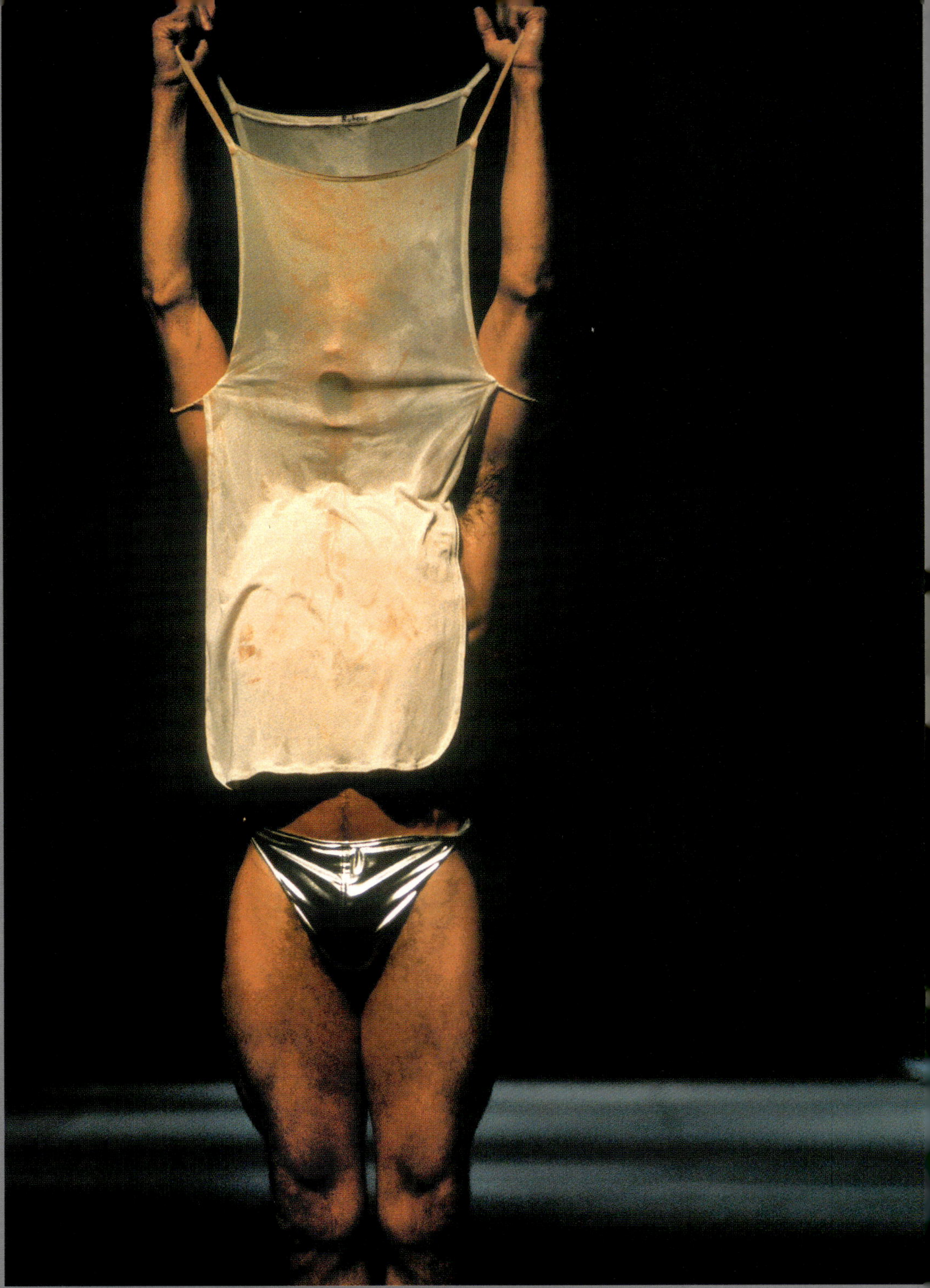

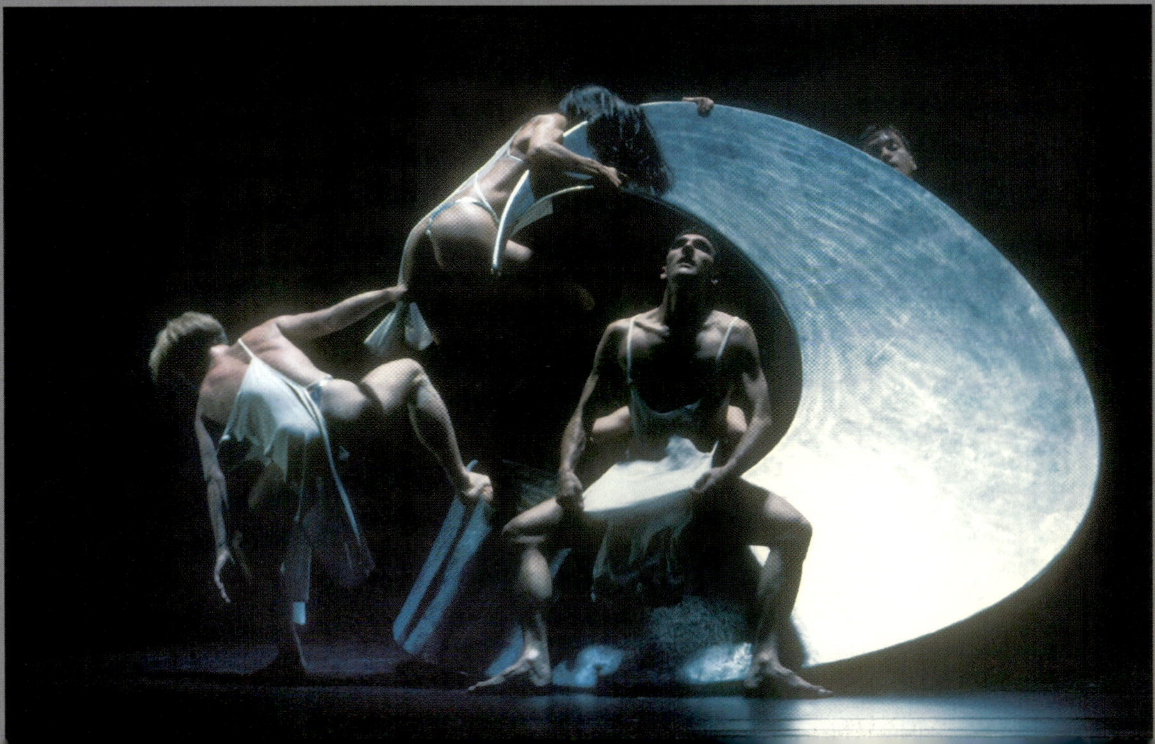

35

36

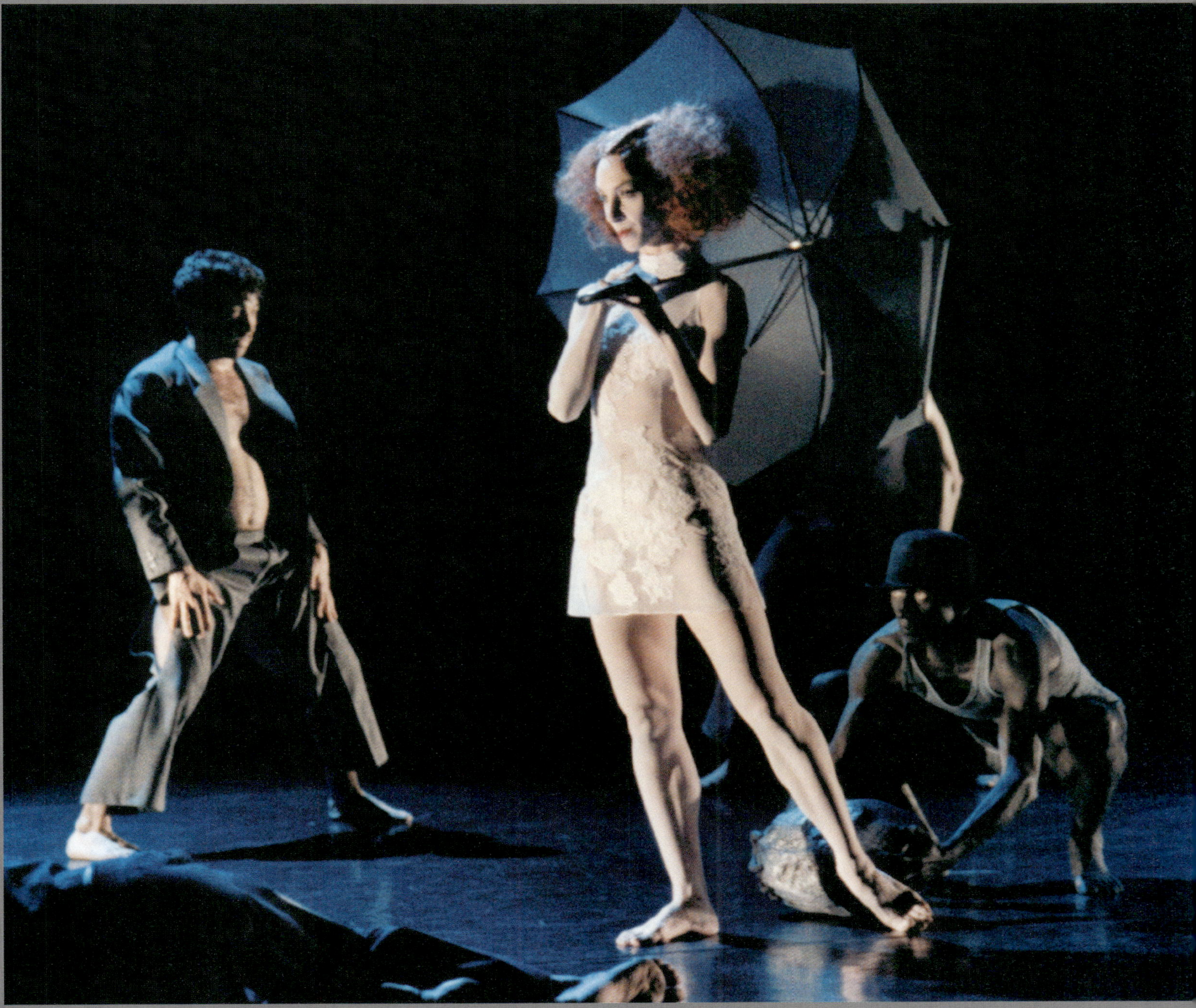

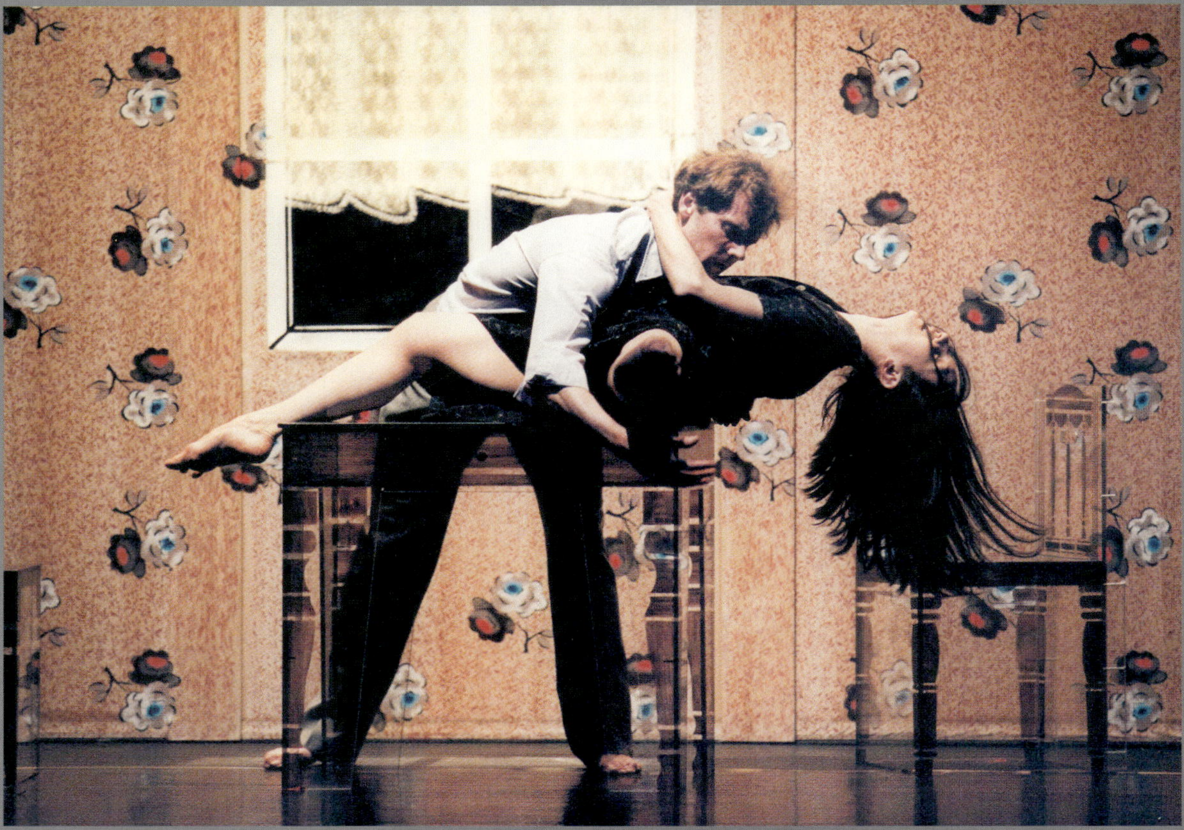

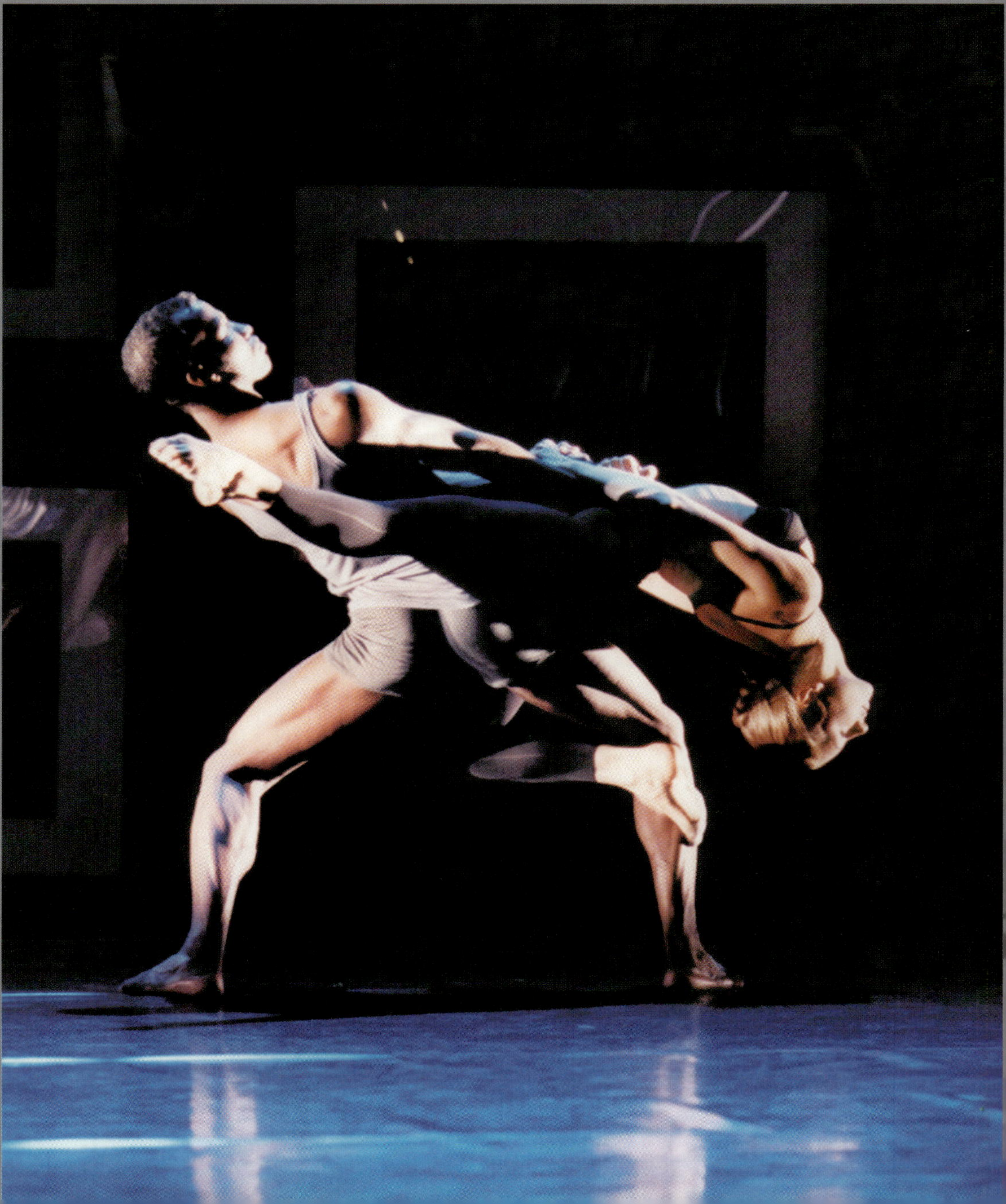

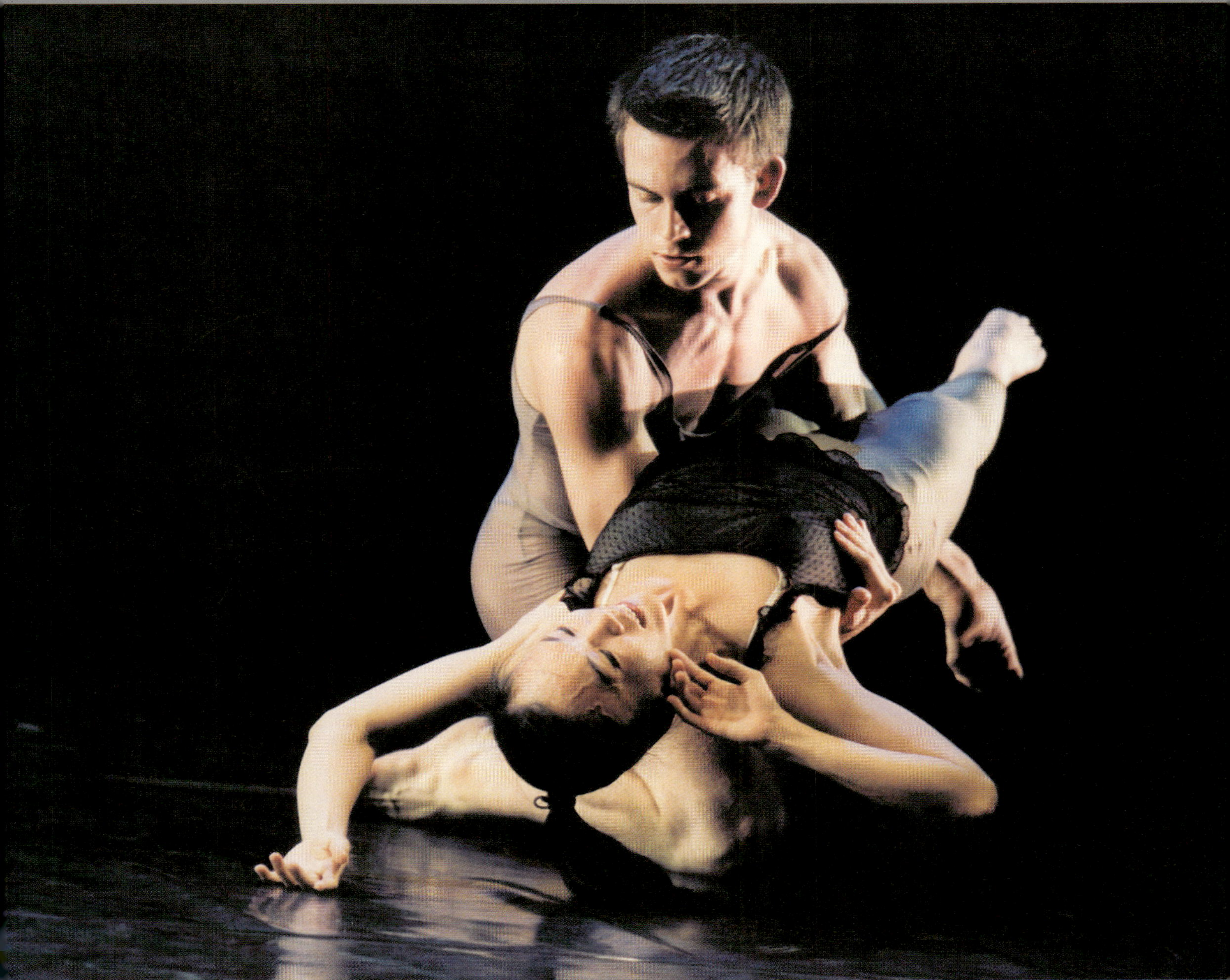

40

41

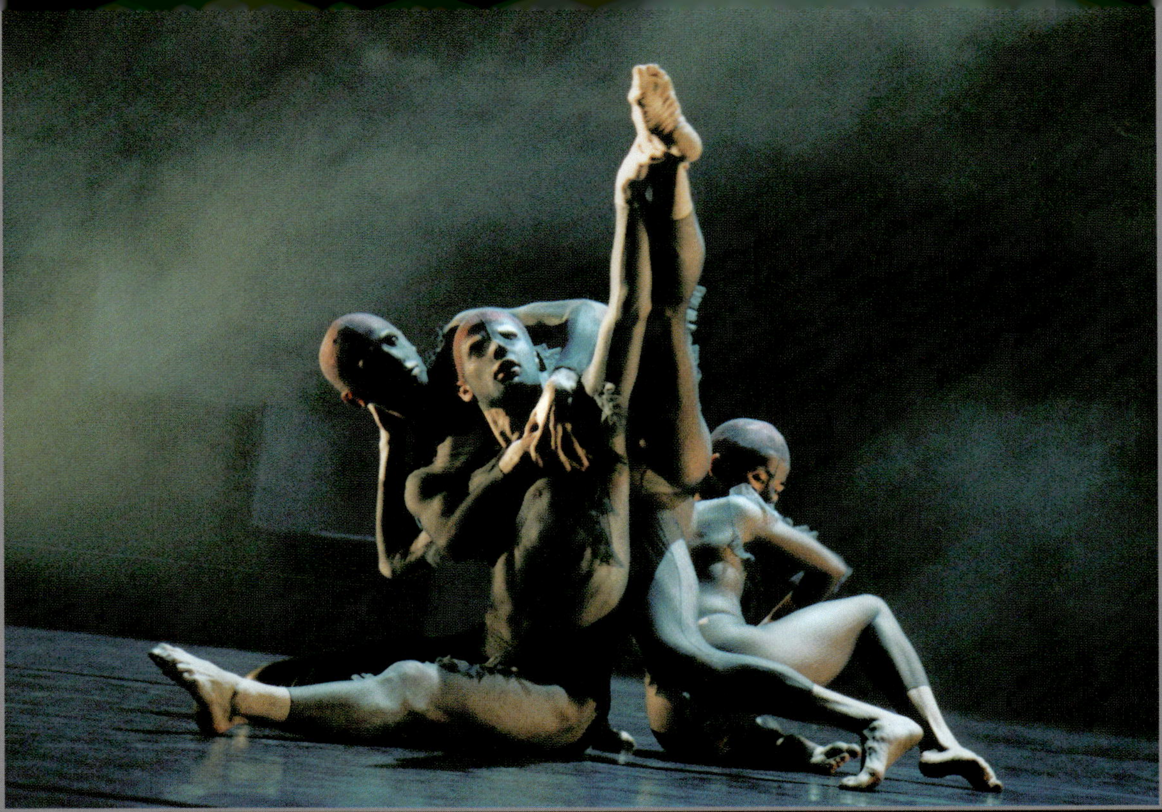

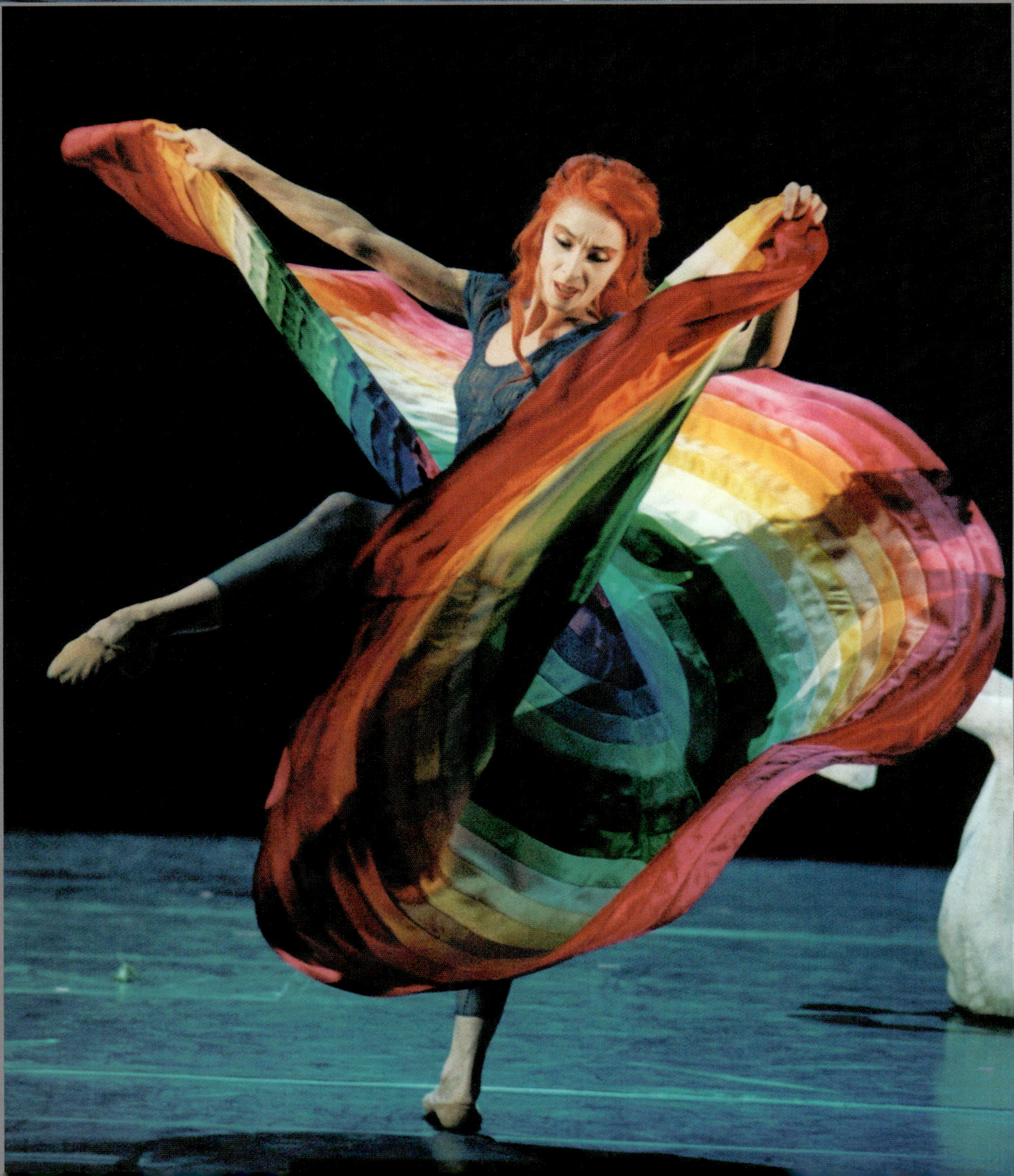

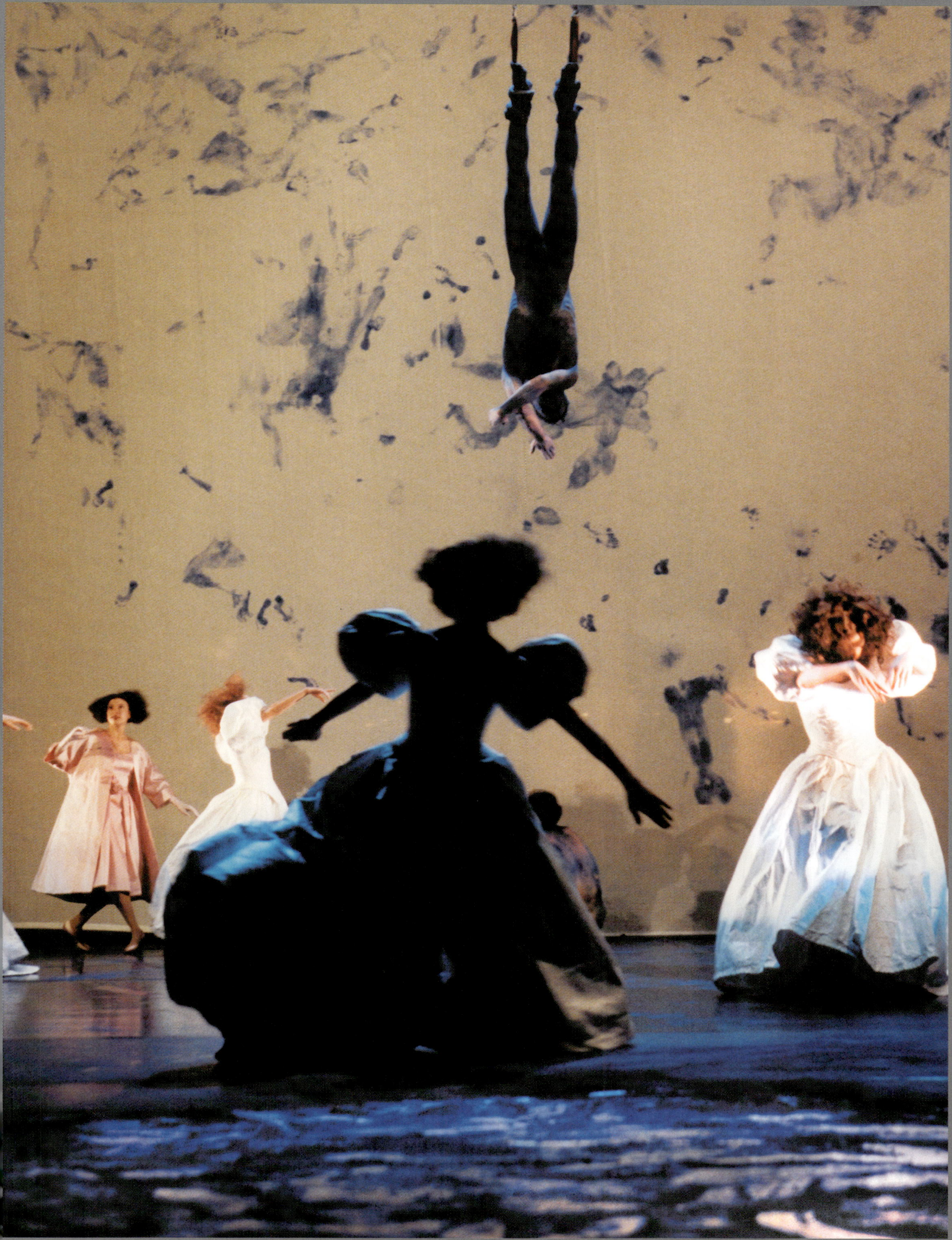

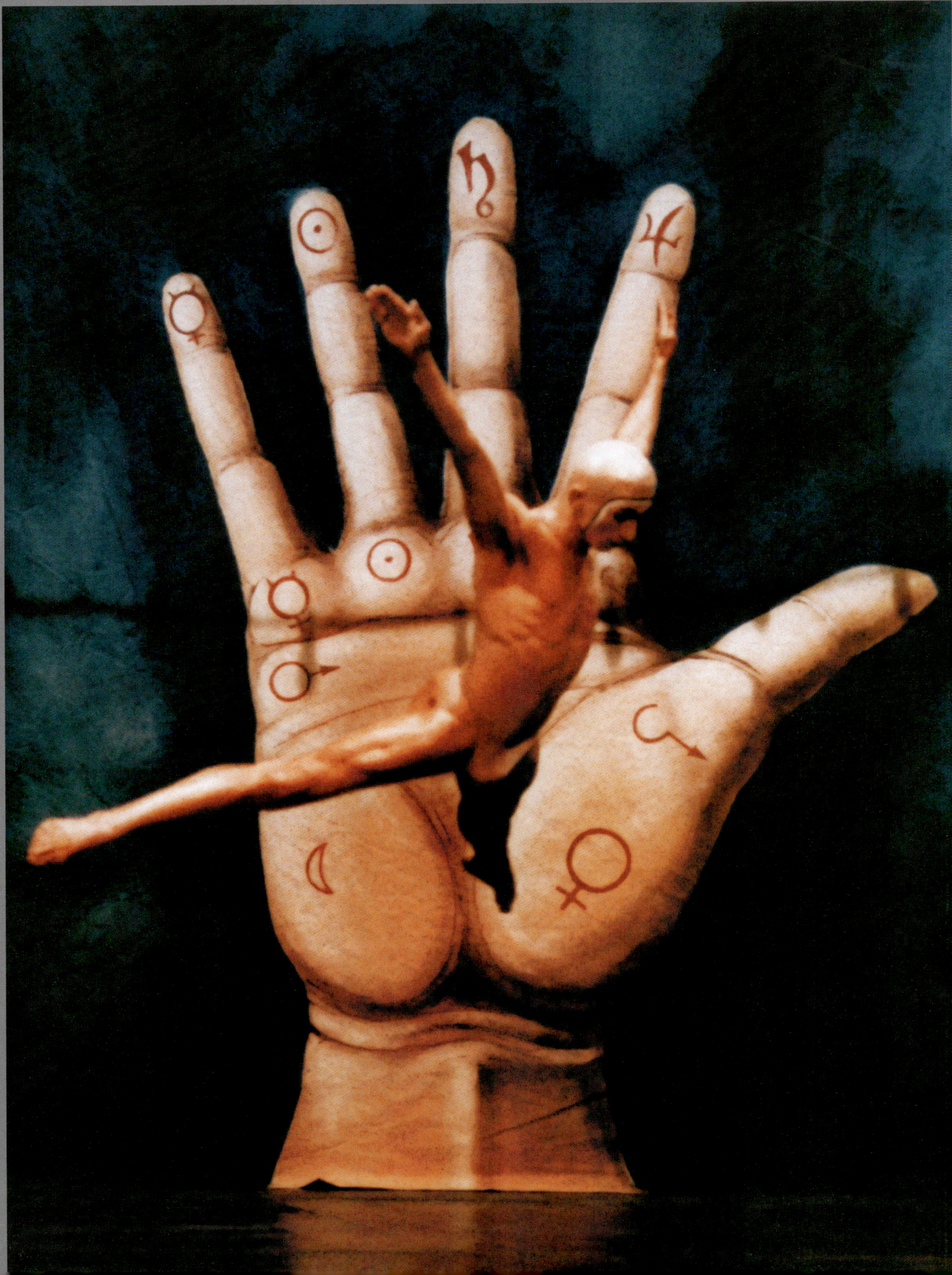

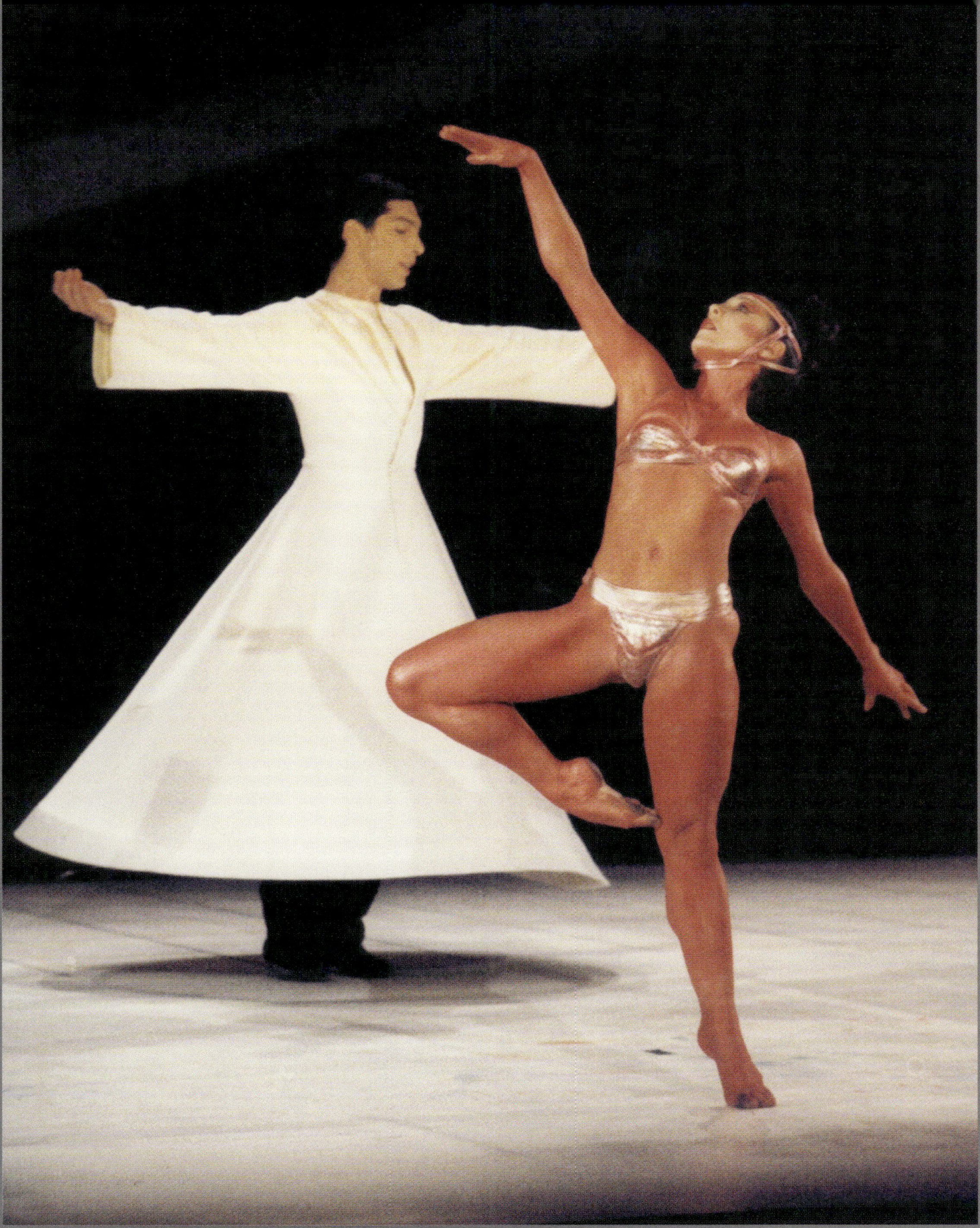

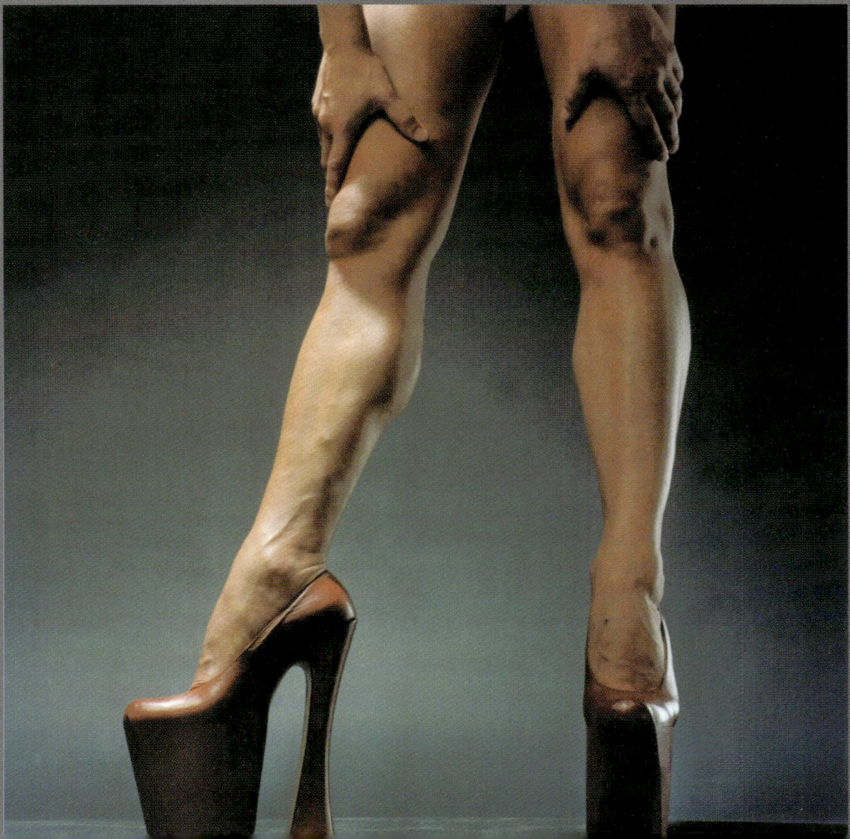

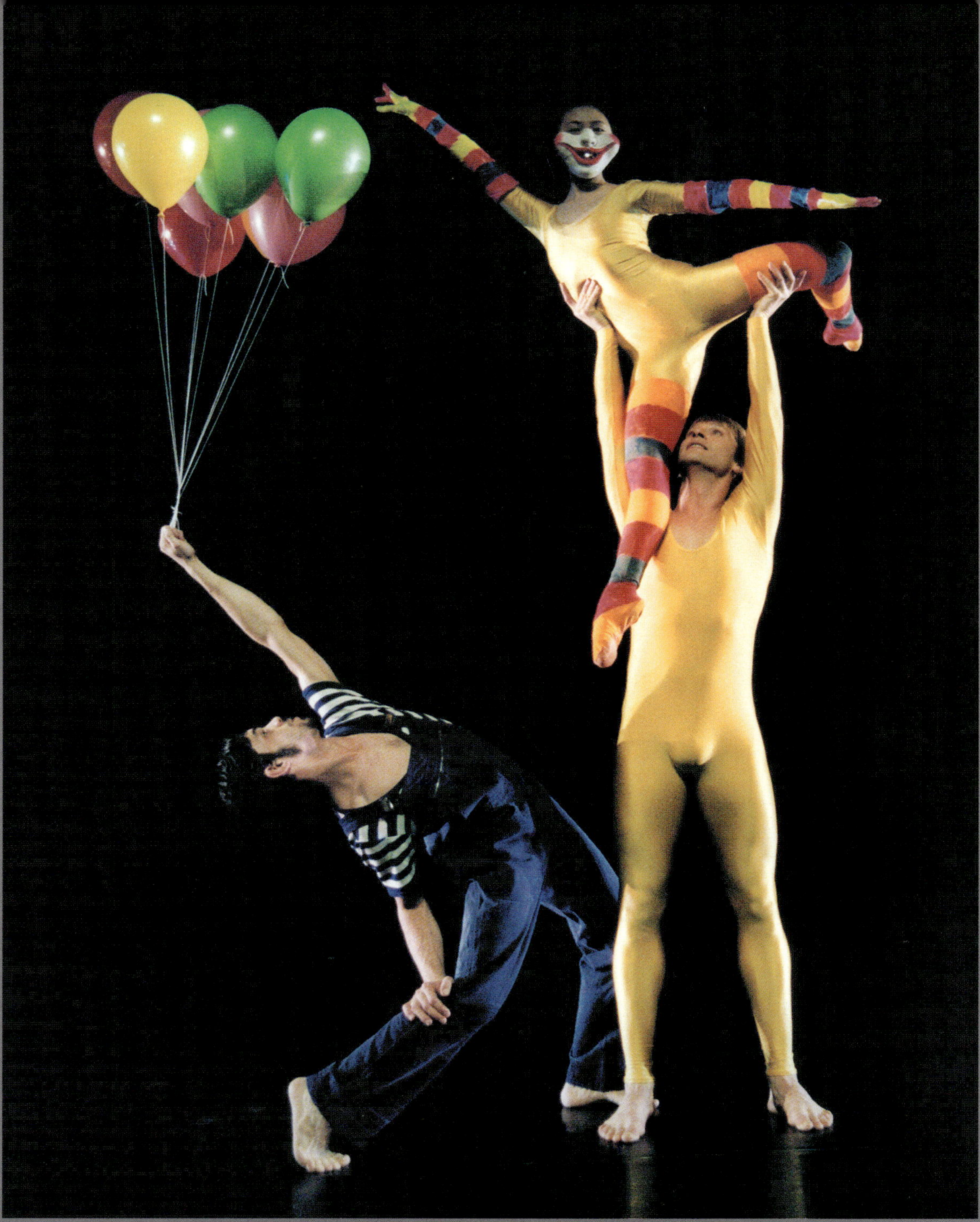

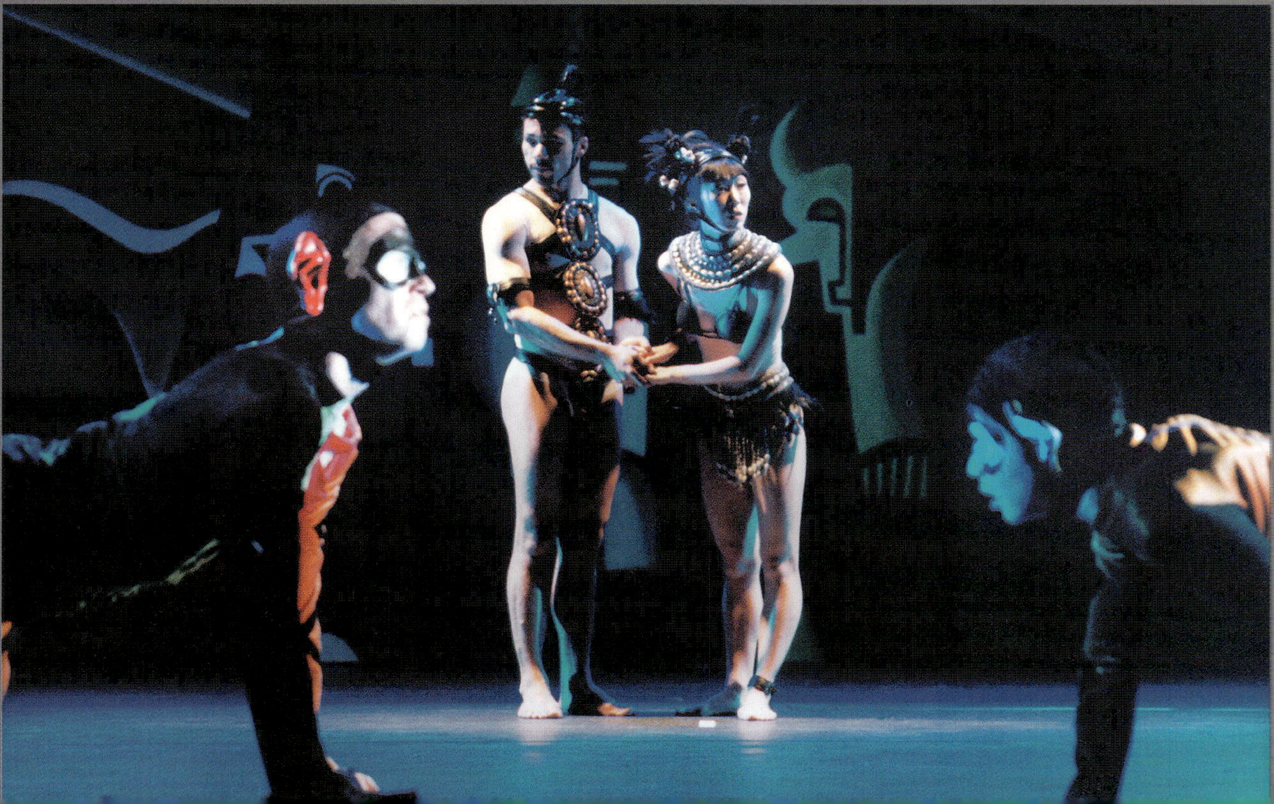

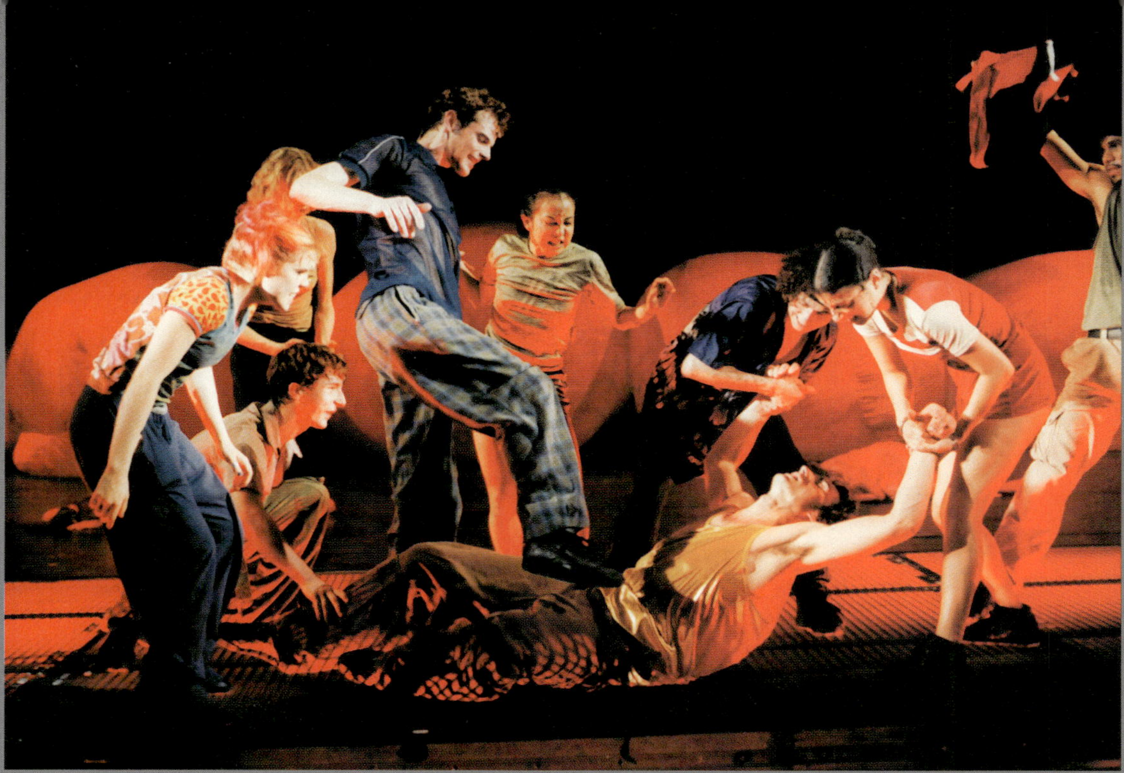
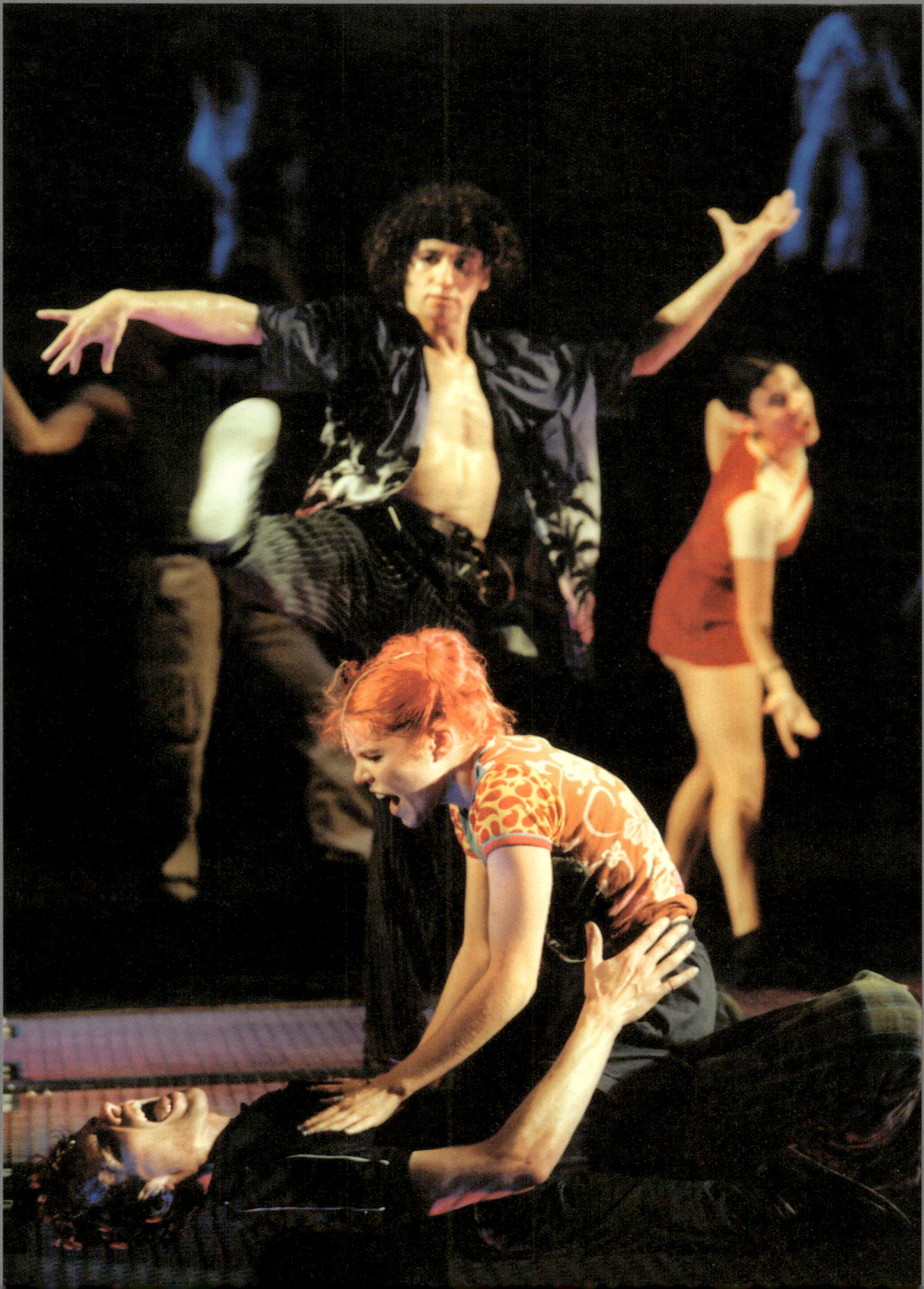

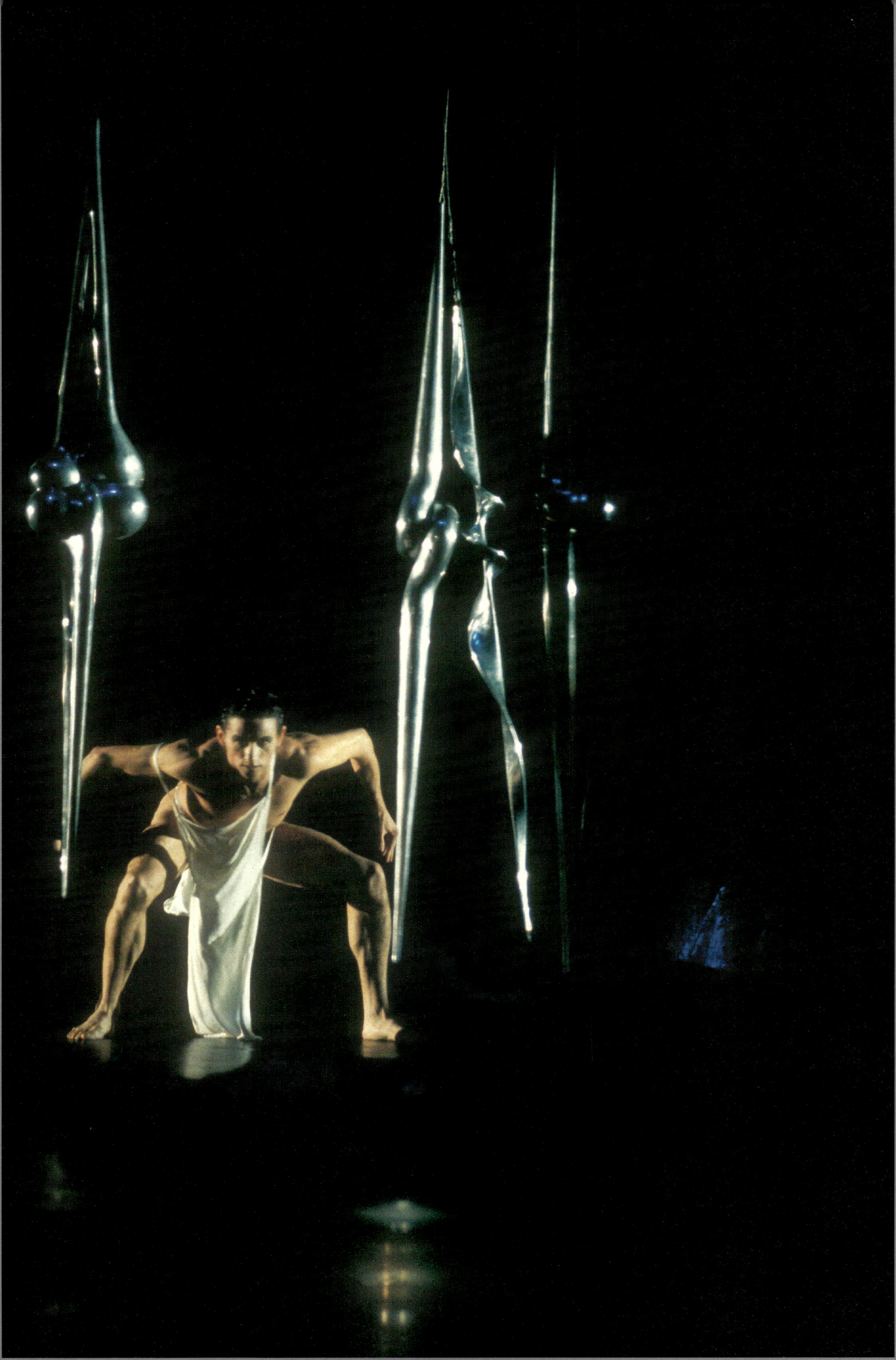

Fotodokumentation 25 Jahre Ballett Schindowski

Spielzeit 1978/1979
Melodie der Tierkreiszeichen
Musik: Karlheinz Stockhausen
Frans van Breukelen, Maria Paz Puigdellivol,
John Bliekendaal

oben:
Spielzeit 1978/79
Gesang der Jünglinge im Feuerofen
Musik: Karlheinz Stockhausen
Alfonso Rovira und Ensemble

unten:
Spielzeit 1978/79
Frollein M. erinnert sich...
Beckett-Groteske nach „Kommen und Gehen"
Bernd Schindowski

Spielzeit 1978/79
Medea
Musik: James Whitman

oben: Linda Calder
unten links: Linda Calder, Bernd Schindowski
und Ensemble
unten rechts: Bernd Schindowski, Linda Calder

Spielzeit 1978/79
Tagebuch eines Verschollenen
Musik: Leos Janacek
oben: Linda Calder, Janusz Wojciechowski
unten: Linda Calder
John Bliekendaal, Bernd Schindowski, Paul Przybylski

Spielzeit 1978/79
„Singselige Dumka"
und andere Männerchöre
Musik: Leos Janacek
oben: Linda Calder
unten: Linda Calder

Spielzeit 1978/79
Auf verwachsenem Pfade
Musik: Leos Janacek
Janusz Wojciechowski

oben:
Spielzeit 1978/79
Der Zauberlehrling
Ballett Schindowski tanzt für Kinder
Musik: Paul Dukas
Ana Catalina Román, Axel Franz Hering

unten:
Spielzeit 1978/79
Tanzgeschichte
Ballett Schindowski tanzt für Kinder
Edward Cyré, Linda Calder,
Bernd Schindowski

Spielzeit 1979/80
Tristan und Isolde
Musik: Hans Werner Henze
oben: Linda Calder und Ensemble
unten: Linda Calder, Janusz Wojciechowski

Spielzeit 1979/80
Die vier Jahreszeiten
Musik: Antonio Vivaldi
Linda Calder, Georgi Wissultschew

Spielzeit 1980/81
Die vier Temperamente
Musik: Paul Hindemith
Linda Calder und Ensemble

Spielzeit 1980/81
Winterreise
Musik: Franz Schubert
oben: John Janssen (Bariton) Helen Poon, Kim Cooney, Duncan Glasse
unten: Helen Poon, Luis Casa und Ensemble

Spielzeit 1980/81
Für Linda
Musik: Wolfgang Amadeus Mozart
Steffon Long, Linda Calder, Ugur Seirek,
Luis Casa, Helen Poon

Spielzeit 1980/81
...oder sie töten ihre Pferde
Musik: Béla Bartók
Catherine Krummenacher, Alfonso Rovira
und Ensemble

Spielzeit 1981/82
Der Zweikampf
Musik: Claudio Monteverdi
Linda Calder

Spielzeit 1981/82
Pulcinella
Musik: Igor Strawinsky nach Pergolesi
oben: Ugur Seyrek, Linda Calder und Ensemble
unten: Linda Calder, Ugur Seyrek und Ensemble

Spielzeit 1981/82
Die Legende der sieben Söhne
Musik: Béla Bartók
Helen Poon und Ensemble

Spielzeit 1982/83
Die Versuchung des Heiligen Antonius
Musik: Johannes Brahms / James Whitman
oben: Alfonso Rovira, Helen Poon
unten links: Helen Poon, Alfonso Rovira, George Giraldo
unten rechts: Alfonso Rovira, Helen Poon, George Giraldo

Spielzeit 1982/83
Die Springteufel
Ballett Schindowski tanzt für Kinder
Musik: Igor Strawinsky
Steffon Long und Ensemble

Spielzeit 1982/83
Serenade für vier Elephanten
Musik: Paul Hindemith / Igor Strawinsky
Rubens Reis, Alison Cross

Spielzeit 1983/84
Die Erschaffung der Welt
Ballett Schindowski tanzt für Kinder
Musik: Darius Milhaud / Nubische Volksmusik
oben: Marco Cantalupo, Ellen Bucalo
unten: Wen-Hua Chang und Ensemble

Spielzeit 1983/84
Cinderella
Musik: Serge Prokofieff
oben links: Linda Calder, George Giraldo
oben rechts: George Giraldo, Linda Calder
unten: Herman Jiesamfoek, Rubens Reis, George Giraldo und Ensemble

Spielzeit 1983/84
Kindertotenlieder
Musik: Gustav Mahler
Johanna Lateika, Dirk Verse, Helen Poon,
Raimundo Costa, Scheyla Silva

Spielzeit 1983/84
Das Marienleben
Musik: Paul Hindemith
Linda Calder, Herman Jiesamfoek

Spielzeit 1984/85
Das Narrenschiff (Carmina Burana)
Musik: Nach den originalen mittelalterlichen
Gesängen aus dem Manuskript „Carmina Burana"

oben links: Alison Cross, George Giraldo
Scheyla Silva, Herman Jiesamfoek
oben rechts: Alison Cross, George Giraldo
unten: Ensemble

Spielzeit 1984/85
Reigen
Musik: Jean Françaix / Kurt Weill
links: Linda Calder
rechts: Linda Calder, Arnaldo Alvarez

Spielzeit 1984/85
Liebeslieder
Musik: Chansons
Ensemble

Spielzeit 1985/86
Wenn die Instrumente tanzen...
Ballett Schindowski tanzt für Kinder
Musik: Benjamin Britten u.a.
Rubens Reis, Salvador Caro

Spielzeit 1985/86
Romeo und Julia
Musik: Serge Prokofieff
oben: Linda Calder, Arnaldo Alvarez
unten: Sybilla Kölling, Jon Bric, Luis Casa und Ensemble

Spielzeit 1985/86
Lied der Sonne
Musik: Steve Reich
Linda Calder, Scheyla Silva

Spielzeit 1986/87
Le Chout
Musik: Serge Prokofieff
Ensemble

Spielzeit 1986/87
Petruschka
Musik: Igor Strawinsky
Rubens Reis
Photo: Cornelia Fischer

Spielzeit 1986/87
Standbein – Spielbein
Ballett Schindowski tanzt für Kinder
Ellen Bucalo

Spielzeit 1986/87
Reise nach Kythera
Musik: Claude Debussy
oben: Eden Summers, Jens Spieker
unten links: Bennie Vorhaar Ellen Bucalo,
unten rechts: Ensemble

Spielzeit 1987/88
Der Feuervogel
Ballett Schindowski tanzt für Kinder
Musik: Igor Strawinsky
Alison Cross

Spielzeit 1987/88
Don Juan
Musik: Christoph Willibald Gluck
oben: Yvonne Whyte, Zbigniew Krasnopolski
unten: Scheyla Silva, Zbigniew Krasnopolski und Ensemble

Spielzeit 1987/88
Feuerwerk
Musik: Meredith Monk / John Adams
Scheyla Silva und Ensemble

Spielzeit 1988/89
Nur wer die Sehnsucht kennt...
Musik: Peter Ilijitsch Tschaikowsky
Alison Cross, Rubens Reis

Spielzeit 1988/89
Kaleidoskop
Ballett Schindowski tanzt für Kinder
Carol Guidry, Rubens Reis

Spielzeit 1989/90
Erinnerung an das goldene Zeitalter
Musik: Ludwig van Beethoven
oben: Yvonne Whyte und Ensemble
unten: Rubens Reis, Emma-Louise Jordan

Spielzeit 1989/90
Dr. Coppelius
Ballett Schindowski tanzt für Kinder
Musik: Leo Delibes, in einer Bearbeitung von Salvador Caro
Rita Barretto, Neng-Sheng Yu und Ensemble

Spielzeit 1990/91
Johannespassion
Musik: Johann Sebastian Bach
Rubens Reis

Spielzeit 1990/91
Johannespassion
Musik: Johann Sebastian Bach
oben: Birgit Relitzki, Marta Nejm, Luiz Lombardi, Andreas Etter
unten links: Tung Hon, Henning Paar, Foto: Dieter Schwer
unten rechts: Tung Hon, Henning Paar

Spielzeit 1990/91
Johannespassion
Musik: Johann Sebastian Bach
oben: Neng Sheng Yu, Foto: Dieter Schwer
unten links: Yvonne Whyte
unten rechts: Marta Nejm, Bennie Vorhaar, Gianni Malfer

Spielzeit 1990/91
Johannespassion
Musik: Johann Sebastian Bach
oben: Neng Sheng Yu, Scheyla Silva, Marta Nejm, Foto: Dieter Schwer
unten: Marta Nejm

Spielzeit 1990/91
Johannespassion
Musik: Johann Sebastian Bach
links: Carmen Balochini, Tung Hon
rechts: Rubens Reis

Spielzeit 1990/91
Das kriminelle Kind
Text: Jean Genet
Cassio Vitaliano, Birgit Relitzki

Spielzeit 1991/92
Schudeldudel
Ballett Schindowski tanzt für Kinder
Rita Barretto

Spielzeit 1991/92
Sequenz
Musik: Hildegard von Bingen
Rubens Reis, Cassio Vitaliano

Spielzeit 1991/92
Was mir die Liebe erzählt...
Musik: Giacomo Puccini
oben: Yvonne Whyte, Ensemble
unten: Marta Nejm, Ramon Reis, Carmen Balochini, Ruben Rodriguez,
Csilla Zental (Sopran)
Fotos: Norbert Schinner

Spielzeit 1991/92
Les Illuminations
Musik: Benjamin Britten
Henning Paar, Ruben Rodriguez, Rita Barretto und Ensemble

Spielzeit 1992/93
Roi Ubu
Musik: Mauricio Kagel / Bernd Alois Zimmermann
Carmen Balochini, Ramon Reis

Spielzeit 1992/93
Sacre
Musik: Igor Strawinsky
Rubens Reis

Spielzeit 1992/93
Knochenhart
Ballett Schindowski tanzt für Kinder
Ramon Reis

Spielzeit 1992/93
Étude Pathétique – Fantasie über das Glück
Musik: Franz Liszt
Rita Barretto, Rubens Reis

Spielzeit 1993/94
Stabat Mater
Musik: Giovanni Battista Pergolesi
oben: Rita Barretto, Rubens Reis
unten links: Kaori Nakazawa, Rolf Gildenast
unten rechts: Rubens Reis

Spielzeit 1993/94
Der Feuervogel
Musik: Igor Strawinsky
Kaori Nakazawa und Ensemble

Spielzeit 1993/94
Ein deutsches Requiem
Musik: Johannes Brahms

oben links: Jean-Luc Milis
oben mitte: Rubens Reis
oben rechts: Carmen Balochini
mitte links: Maria Eunice Oliveira
mittlere Reihe, mitte: Kaori Nakazawa
mitte rechts: Rolf Gildenast
unten links: Rita Barretto

Spielzeit 1994/95
Meddle
Musik: Pink Floyd
Rolf Gildenast

Spielzeit 1995/96
West Side Story – Musical
Musik: Leonhard Bernstein
Alexander Cowie, Elmer E. Domdom,
Bärbel Stenzenberger, Jean-Luc Milis,
Tony Vezich, Ivan de las Cuevas Ruiz

Spielzeit 1995/96
Schwanensee
Musik: Peter Ilijitsch Tschaikowsky
Carmen Balochini, Jean-Luc Milis

Spielzeit 1995/96
Abadou
Ballett Schindowski tanzt für Kinder
Jean-Luc Milis, Bärbel Stenzenberger

Spielzeit 1995/96
Mobile
Musik: Anton Webern
oben: Ensemble
unten: Rita Barretto, Rubens Reis

Spielzeit 1996/97
La Belle et la Bête
Musik: Philip Glass
Rita Barretto, Rolf Gildenast,
Rubens Reis, Andreas Grimm

Spielzeit 1997/98
Angie
Musik aus dem antiken Rom
oben: Ensemble
unten: Carmen Balochini, Rubens Reis
und Ensemble

Spielzeit 1997/98
West Side Rap – das Gebot der Straße
Ballett Schindowski tanzt für Jugendliche
Musik: Main Concept, Rap-Texte: David Papo
Ensemble

Spielzeit 1998/99
La Sylphide
Musik: Herman Severin Lovenskiold / Franz Liszt
Kaori Nakazawa, Rubens Reis

Spielzeit 1999/00
Mozartsonaten
Musik: Wolfgang Amadeus Mozart
Alexander Cowie

Spielzeit 1999/00
Photoptosis
Musik: Bernd Alois Zimmermann
oben: Rubens Reis, Rolf Gildenast, Kaori Nakazawa
unten: Kaori Nakazawa, Rolf Gildenast, Rubens Reis
und Ensemble

Spielzeit 1999/00
Auf ein Neues...!
Musik: Antonio Vivaldi
oben: Kaori Nakazawa, Rubens Reis
unten: Rolf Gildenast, Carmen Balochini,
Kaori Nakazawa, Rubens Reis

Spielzeit 2000/01
Box Of Pearls – Bachkantaten
Musik: Johann Sebastian Bach
Cécile Rouverot

Spielzeit 2000/01
Gilgamesch-Epos
Musik: Stefan Heucke
oben: Diego Brichese, Rolf Gildenast
unten: Diego Brichese, Rolf Gildenast

Spielzeit 2000/01
Heavy Music – Cool Love 2001
Forbidden Love
Ballett Schindowski tanzt für Jugendliche
Musik: Giacomo Puccini / Robert Schumann / Camille Saint-Saens u.a.,
in einer Bearbeitung von Kai Tietje und Günther Holtmann

oben: Emma Louise Collins, Sebastiano Bonivento
und Angela Froemmer (Mezzosopran)
unten: Angela Froemmer (Mezzosopran)
und Daria Kocot (Schülerin der Maria Merian Schule, Wattenscheid)

Spielzeit 2001/02
appassionato – Beethovensonaten
Musik: Ludwig van Beethoven
Thiago Junqueira, Franziska Ballenberger

Spielzeit 2001/02
Der Tod der Cleopatra
Musik: Hector Berlioz
Valter Azevedo, Cécile Rouverot
Anke Sieloff (Mezzosopran)

Spielzeit 2001/02
Heavy Music – Cool Love 2002
Turtle Dreams
Ballett Schindowski tanzt für Jugendliche
Musik: Meredith Monk / John Adams und Jugendliche
Andrea Kingston, Kostyantyn Grynyuk und
Schülerinnen und Schüler des Pestalozzi Gymnasiums, Herne

Spielzeit 2002/03
High Fidelity
Musik: Songs von Elvis Presley
Digital Composing: Günther Holtmann
Komposition für die Audio Kostüme: Salvador Caro
Ensemble

Bernd Schindowski:
PORTRÄTS VON ZEHN WEGBEGLEITERN

Beim Anschauen der Fotos der Ballette dieser fünfundzwanzig Jahre sind mir viele Tänzerinnen und Tänzer in der Erinnerung gegenwärtig geworden. Ich sehe sie wieder tanzen – auf der Bühne wie im Ballettsaal. All diese schönen Menschen und Persönlichkeiten! Wie viele haben mich inspiriert und mir ermöglicht, meine Fantasien in Bilder und Tanz umzusetzen! Stellvertretend für alle möchte ich einige hier nennen, die mich in besonderem Maße beflügelt haben.

Rianna Kuipers

Von allen Wegbegleitern sollte eine, die das Publikum normalerweise nicht sieht, an erster Stelle stehen: Die Niederländerin Rianna Kuipers ist seit fünfundzwanzig Jahren meine treueste Mitarbeiterin als Assistentin. Sie frage ich zuerst, wenn ich in irgend einer Sache unsicher bin. Mit ihrem tiefen psychologischen Gespür hilft sie mir, beim Neuengagement von Tänzerinnen und Tänzern oder für eine Tanzpartie die Richtige oder den Richtigen zu wählen. Selbst bei dramaturgischen Fragen für die einzelnen Ballette hat sie immer eine ‚gute Nase'. Sie kann sich in die Lage des intelligentesten oder erfahrensten, aber auch in die Sichtweise des einfachen Zuschauers versetzen und wirkt so manchmal für mich als mein wichtigster Dramaturg.

Wegen ihrer umfassenden Beschäftigung als Ballettassistentin konnte ich sie nur selten tänzerisch einsetzen. Wenn sie aber tanzte, dann mit einer schier überwältigenden Ausdruckskraft! Ihr Auftritt war immer irgendwie ein ‚special effect'!

Ihre Aufgabe ist es, die Proben zu leiten, sie organisiert alles, was dafür gebraucht wird, von Requisiten bis zu Kostümen. Sie ist eine hervorragende Inspizientin, die sich auch bei der Bühnenbeleuchtung auskennt und sich sehr gut mit allen Kollegen der Bühnentechnischen- und Beleuchtungsabteilungen versteht. Sie ist durch all die Jahre mehr als ein Wegbegleiter geworden: Sie ist ein Freund, dem ich immer vertrauen kann.

Geboren in den Niederlanden
von 1972 bis heute Mitglied des Musiktheaters im Revier als Tänzerin und Assistentin, seit 1978 Assistentin und Tänzerin des Ensembles unter der Leitung von Bernd Schindowski
wichtige Partien:
„Die Versuchung des Heiligen Antonius", „Cinderella", „Romeo und Julia", „Nur wer die Sehnsucht kennt…"

oben: Rianna Kuipers am Inspizientenpult mit Bernd Schindowski
unten: Rianna Kuipers in „Die Versuchung des Heiligen Antonius"
mit Alfonso Rovira
rechts: Rianna Kuipers in „Cinderella" mit Bernd Schindowski,
Rubens Reis, Herman Jiesamfoek

Linda Calder

Ihre hohe Musikalität, Kreativität und Kraft, überboten noch von ihrer tanztechnischen Brillanz, haben mich in den ersten Jahren gestärkt und auf der Basis ihres großen Könnens mir Mut gemacht, Ungewöhnliches zu wagen. Sie hat mir, obwohl als Tänzerin damals genau so jung wie ich als Choreograph, immer wieder zugeredet, dass man alles wagen soll, um zu gewinnen.

Linda Calder wurde in Südafrika geboren. Ich traf sie zuerst in Ulm. Von Beginn an waren wir durch unsere fast fanatische Liebe zum Tanz magnetisch miteinander verbunden. Bei den Proben vergaßen wir die Zeit und bemerkten oft viel zu spät, dass wir die Arbeitszeit maßlos überzogen hatten. Pausen gab es nur für die Toilette oder eine Zigarette. Linda hat auch manchmal während der Probe mit einer Zigarette in der Hand getanzt. Als ich sie irgendwann einmal fragte, ob sie nicht vielleicht zu viel rauche, fragte sie zurück, ob ich Grund hätte, mich über ihre mangelnde Kondition zu beschweren? Das war nicht der Fall und damit hatte sie jedes Argument dagegen ausgehebelt!

Als Claus Leininger mich 1978 an das Musiktheater im Revier engagierte, brachte ich Linda als Solistin mit. Ich kann mir wirklich nicht vorstellen, wie meine Karriere ohne sie verlaufen wäre!

Im Fall Linda erübrigt es sich, über Tanztechnik zu sprechen, denn sie konnte alles und so durfte ich auch Unmögliches verlangen. Ich erinnere mich an einen Tänzer, der meinen Pas des Deux in „Cinderella", den ich für Linda choreographiert hatte, kommentierte: „Das ist tanztechnisch pervers...". Er meinte zum Beispiel, eine so langsame Pirouette zu drehen und in einer Balance zu enden, sei nicht möglich; Linda aber schaffte es jedesmal.

Sie war viele Jahre mein Motor und meine Muse, bis sie ein Baby bekam und sich entschied, den Bühnentanz aufzugeben!

Geboren in Südafrika
von 1978 bis 1987 Mitglied des Ensembles
wichtige Partien:
„Medea" (Titelrolle), „Tagebuch eines Verschollenen" (Zigeunerin), „Tristan" (Isolde), „Winterreise", „Der Zweikampf/Pulcinella" (Clorinda/Pimpinella), „Die Versuchung des Heiligen Antonius" (Die Schlange), „Erschaffung der Welt" (Die Frau), „Cinderella" (Titelrolle), „Das Marienleben" (Titelrolle), „Das Narrenschiff" (Die Blinde), „Reigen" (Die Hure), „Romeo und Julia" (Titelrolle), „Lied der Sonne"

oben : Linda Calder beim Make up vor einer Vorstellung
unten: Linda Calder 1977 in der Uraufführung „Tagebuch eines Verschollenen",
Foto: Wilhelm Pabst

Helen Poon

Obwohl nur eine kurze Weile bei mir, war sie für mich doch sehr inspirierend. Sie war für mich wie ein Schmetterlingskuss.

Helen Poon, geboren in Japan, kam als Anfängerin von einer Londoner Ballettschule zum Vortanzen. Als sie den Vertrag bekommen hatte und die neue Spielzeit begann, stand die damals 19-jährige, überaus grazile kleine Tänzerin, überraschend mit fünf grossen Koffern vor mir, von denen jeder etwa dreimal so gross und schwer war wie sie selber. Ich fragte mich, wie sie die Flugleitung überreden konnte, diese einzuchecken (sie hatte bestimmt nichts extra dafür bezahlt) und wie um Himmels willen sie die Koffer bis ins Musiktheater transportiert hatte! Später wurde mir klar, dass nicht nur Glaube Berge versetzen, sondern auch Charme Koffer bewegen kann.

Ihr erster Auftritt war großartig und unvergesslich. Ich hatte ihr, obwohl sie Anfängerin war, die große Partie der „Krähe" in meiner „Winterreise" anvertraut. Für mich war es die größte Freude, Linda Calder und Helen Poon in diesem Ballett als Antipoden auf der Bühne zu erleben. Beide machten die „Winterreise" zu einem grossen Erfolg.

Als Tanzpartnerin war sie von Natur aus unglaublich gut. Ihr Vertrauen in den oder die Partner war traumhaft.

1984 wanderte sie in die USA aus, denn sie hatte Verwandte in San Francisco. Heute leitet sie dort eine eigene große Ballettschule für junge, tanzbegeisterte Kinder. Ich bin davon überzeugt, dass sie dafür die beste Adresse in San Francisco ist!

Geboren in Japan, Nationalität Hongkong
von 1980 bis 1984 Mitglied des Ensembles
wichtige Partien:
„Winterreise", „Pulcinella", „Die Versuchung des Heiligen Antonius", „Cinderella"

unten: Helen Poon 1981 in „Pulcinella"

Ellen Bucalo

Sie war lange Zeit die Beständigkeit an meiner Seite. Ich habe sie fast ausschliesslich für kleinere Partien besetzt, aber ihre Hingabe machte eine Rolle immer groß, ihr Glaube an den Tanz sie selbst zu einer strahlenden Kunstfigur! Sie hat meine Arbeit reich gemacht. Ich bin sehr glücklich, dass sie uns so lange begleitet hat.

Geboren in Baltimore, hat sie dort ihre Ausbildung gemacht. Sie tanzte unter anderem im Ballettensemble der New York Radio City Music Hall.

Nach Gelsenkirchen kam sie 1981. Durch die Vielfältigkeit ihrer künstlerischen Fähigkeiten konnte ich sie sofort voll einsetzen. Zuerst tanzte sie, wenn auch nur in der ‚Gruppe', eine wunderbare ‚Sau' in meinem Ballett „Pulcinella", danach tanzend und singend in „Die Versuchung des heiligen Antonius" eine urkomische ‚Hausfrau', beide Ballette in der Ausstattung meines langjährigen Mitstreiters Johannes Leiacker. Ihre ‚Schauspielerin' im „Reigen", die ‚Posaune' in „Wenn die Instrumente tanzen..." sind so unvergesslich wie die ‚Amme' in „Romeo und Julia". In dieser relativ kleinen Rolle wurde sie bejubelt, als tanzte sie eine Hauptpartie. Sie war grandios in der Darstellung dramatischer wie komischer Szenen. Das für mich erheiterndste, was ich auf einer Tanzbühne sah, war die „Ursonate" von und mit Ellie und Rubens Reis, kreiert für eine Tanz-Werkstatt.

In meinem Ballett „Reise nach Kythera" hat sie mit solch' einer Verklärung getanzt, dass ein Kritiker in der Frankfurter Allgemeinen Zeitung schrieb, „... und tragen ihren nackten Körper mit einer Vorsicht über die Bühne, als transportierten sie eine wertvolle Vase aus der Ming-Zeit".

1990 erkrankte sie an Krebs. Selbst nach dem Ausbruch der Krankheit wollte sie nicht aufgeben. Sie stand bald wieder auf der Bühne und hat sogar mein Ballett „Lied der Sonne" getanzt, in dem die Tänzerinnen und Tänzer ihre Kondition bis an physische Grenzen ausgeschöpft haben. In diesem Ballett trugen die TänzerInnen Tangas und Körperschminke. Um mittanzen zu können, schaffte sie es, ihren künstlichen Darmausgang zu verdecken und zu überschminken. Es berührt mich ungemein, wenn ich daran denke und darüber schreibe – wie psychisch stark sie war! Schließlich ließen ihre physischen Kräfte doch nach. Ludwig Baum, der Intendant, hat sie bei Opern und Musicals eingesetzt. Sie hat dort choreographiert, getanzt und gesungen, z.B. neben Kati Karrenbauer und Eva Tamulenas, und das „Extra"-Ballett geleitet.

Ihr Gesundheitszustand verschlechterte sich. 1993 starb sie im Alter von 43 Jahren. Ihre Eltern haben auf ihren Wunsch einen Fonds eingerichtet.

So ist sie wunderbarerweise noch immer präsent. Sie unterstützt durch ihren Fonds die neu hinzukommenden Tänzerinnen und Tänzer, die ihr Zuhause in Gelsenkirchen aufbauen möchten.

Bennie Vorhaar, Ellen Bucalo, Neng-Sheng Yu, 1986/87, „Reise nach Kythera"

Geboren in USA
von 1981 bis 1993 Mitglied des Ensembles
wichtige Partien:
„Die Versuchung des Heiligen Antonius", „Erschaffung der Welt" (Das Gürteltier), „Das Marienleben", „Das Narrenschiff", „Reigen" (Die Schauspielerin), „Wenn die Instrumente tanzen..." (Die Posaune), „Romeo und Julia" (Die Amme), „Lied der Sonne", „Reise nach Kythera", „Don Juan" (Tisbea), „Nur wer die Sehnsucht kennt..."

Rubens Reis

Das Streben, Neues zu lernen, hat ihn über einen langen Umweg durch Kanada und Portugal 1982 nach Gelsenkirchen gebracht. Sein Vortanzen war chaotisch. Da war dieser junge Mann, er bewegte sich sehr gut, war sympathisch, hatte Ausstrahlung, konnte aber die Choreographie nicht erlernen. Er war zu nervös! Meine Assistentin Rianna Kuipers und ich hingen schon müde in den Ecken und wollten längst aufgeben, doch er war immer noch damit beschäftigt, uns zu beweisen, dass er das schaffen würde. Seine Sturheit und Intensität haben mich beeindruckt und wir gaben ihm den Vertrag.

Der Visa-Prozess und die Erteilung der Arbeitserlaubnis dauerten länger als erwartet, Rubens konnte erst im Januar 1982, also mitten in der Spielzeit, seine Arbeit antreten. Eine Wiederaufnahme und eine Premiere hatten inzwischen stattgefunden und er wäre vielleicht nur als Ersatz für die ‚Gruppe' eingesetzt worden, da konnte er die Richtigkeit seines Engagements beweisen, denn ein Solist wurde krank und wir mussten die Vorstellungen retten. Rubens lernte und übernahm innerhalb von einer Woche Solopartien in den Balletten „Winterreise" und „Pulcinella".

Die erste für ihn gestaltete Solopartie war eine der beiden bösen Schwestern in meiner Version des Balletts „Cinderella". Von da an war er als wichtiger Teil des künstlerischen Kerns der Compagnie nicht mehr wegzudenken und hat durch die Interpretation vieler Solopartien meinen Balletten sowie der gesamten Compagnie ein stärkeres Profil gegeben.

Auch als Choreograph bereicherte er das Repertoire der Compagnie. Er, Linda Calder, Herman Jiesamfoek, George Giraldo und Arnaldo Alvarez haben mich ermutigt, die choreographischen Workshops zu schaffen. Dieser Einrichtung sind inzwischen viele Choreographen und Ballettdirektoren entwachsen, die mittlerweile auf der ganzen Welt verstreut erfolgreich arbeiten. Auf diesem Forum hat er seine ersten choreographischen Erfahrungen gemacht und sie in vielen Jahren beständig weiterentwickelt. Schließlich konnte ich seine erfolgreichsten Choreographien aus verschiedenen „Werkstätten" zu einem Ballettabend im Kleinen Haus des Musiktheaters, zusammenfassen. Das Programm trug den Titel „Sand und Schrei". Außerdem choreographierte er für das Repertoire der Compagnie unter anderem das Ballett „Es war, als hätt' der Himmel die Erde still geküsst", das Stück „Auch kleine Dinge....." und viele Ballette für Kinder

1990 bekam ich das Angebot, die Komposition „Kreuzweg", von Marcel Dupré für das Münster in Mönchengladbach zu choreographieren. Zu dieser Zeit arbeitete ich gerade mit meinem langjährigen, mir höchst wichtigen Dramaturgen Jens Rodenberg an der Konzeption für die „Johannespassion". Darum habe ich Rubens Reis als Choreographen für den „Kreuzweg" vorgeschlagen. Nach einiger Zeit bat er mich, seine Idee anzuhören. Sie war verblüffend einfach und schlüssig – seine Konzeption zum „Kreuzweg" ging mir nicht aus dem Kopf und formierte sich zum Schlussbild der „Johannespassion". Als die neue Spielzeit anfing, erzählte ich ihm diesen Gedanken. Er fühlte sich geehrt und war glücklich darüber, nach seiner eigenen Konzeption und meiner Choreographie das finale Schlusssolo der „Johannespassion" zu tanzen.

1994 erlitt er bei der Premiere meines Balletts „Ein deutsches Requiem", im Rahmen des Westfälischen Musikfestivals in Hamm uraufgeführt, eine schlimme Wadenverletzung. Es passierte etwa fünf Minuten nach Beginn eines dreizehn Minuten langen Solos. Trotzdem tanzte er weiter, ohne dass das Publikum merkte, dass er nur auf einem Bein tanzte. Meine Assistentinnen dachten in dem Moment, er hätte einfach die Choreographie vergessen und würde improvisieren. Ich wusste sofort, es war etwas ganz Schlimmes passiert. Ein Kritiker hat nach der Premiere geschrieben, dass Rubens Reis wohl seine Partie etwas überdramatisiert hätte. In Wirklichkeit hat ihn eiserne Disziplin durchhalten lassen! Die Verletzung war zwar langwierig, doch nicht irreparabel und er konnte und kann immer noch viele Tanzpartien gestalten.

In den letzten Jahren beziehe ich ihn oft als choreographischen Mitarbeiter ein. Ich beschreibe ihm, was ich für eine Szene tänzerisch brauche oder skizziere sie mit ihm im Voraus. Er erarbeitet sie dann mit der Compagnie. Aufgrund seiner reichen Erfahrung kann er aus einem grossen künstlerischen und tanztechnischem Fundus schöpfen und den jungen Kräften im Ensemble in vielfältiger Weise helfen.

Geboren in Brasilien, deutscher Staatsangehöriger
seit 1982 bis heute Mitglied des Ensembles
wichtige Partien:
„Erschaffung der Welt" (Das Teufelchen), „Cinderella" (Kubischka), „Das Marienleben" (Joseph), „Reigen" (Der Dichter), „Wenn die Instrumente tanzen..." (Das Schlagzeug), „Romeo und Julia" (Mercutio), „Lied der Sonne", „Petruschka" (Titelrolle), „Reise nach Kythera", „Der Feuervogel" (Prinz), „Don Juan" (Catalinón, Don Juans Diener), „Nur wer die Sehnsucht kennt...", „Erinnerung an das goldene Zeitalter", „Dr. Coppelius" (Titelpartie), „Johannespassion" (Das Schlusssolo), „Das kriminelle Kind", „Sacre", „Ein deutsches Requiem", „West Side Story" (Chino), „Schwanensee" (Prinz), „La Belle et la Bête" (Eines der drei Bêtes), „West Side Rap" (C-Dog), „Angie", „La Sylphide" (James), „Photoptosis"", „High Fidelity"
1994 Theaterpreis des Vereins der Freunde des Musiktheaters

oben: Rubens Reis, 1992/93,
Étude Pathétique – Fantasie über das Glück
unten: Rubens Reis, 1993/94, Stabat Mater

Carmen Balochini

Sie war vom ersten Augenblick an eine Bereicherung der Compagnie. Ihre große Liebe zum Tanz hat die Compagnie überaus positiv beeinflusst. Ihr Fleiß hat alle Tänzerinnen und Tänzer angespornt, jeder wollte neben Carmen Balochini tanzen, denn man wurde von ihrer Energie mitgetragen und fühlte sich dadurch stärker und schöner!

Carmen kam 1990 nach Gelsenkirchen. Sie hat damals in der Compagnie Balé da Cidade in São Paulo, Brasilien, gearbeitet, wo sie einer der Publikumslieblinge war. Wegen viel zu weniger Vorstellungen entschied sich Carmen, ihr Glück in Deutschland zu probieren. Sie kam mitten in der Spielzeit und ich hatte keine freie Stelle. Zu meinem Glück fand sie aus demselben Grund auch woanders keine Arbeit. Sie bat mich, bei uns trainieren zu dürfen. In ihrem Fall habe ich eine Ausnahme gemacht, weil ich wirklich an ihr interessiert war. Als sich dann unerwartet eine Vakanz auftat – es passiert immer mal wieder eine plötzliche Verletzung, eine Mutterschaft oder einfach, dass ein Tänzer seinem Drang, etwas Neues zu versuchen, folgen muss –, engagierten wir sie sofort.

Ein Visum zu bekommen dauerte lang, sie konnte erst Monate nach Beginn der neuen Spielzeit anfangen bei uns zu arbeiten. Sie begann gerade in der Zeit, als das neue Ballett „Erinnerung an das goldene Zeitalter" halb fertig war. Für mich war klar, die zweite Hälfte des Balletts musste mit einem Solo von ihr eröffnet werden. Dies war Carmens erster Auftritt in Gelsenkirchen.

Sie hat mich immer mit großen Bewegungen und ihrer unendlichen Ästhetik fasziniert. Irgendwann hat mich Alfred Biolek bei einem Gespräch gefragt: „Wie hieß doch die schöne Tänzerin, die in meiner Talkshow mit Rubens Reis getanzt hat?" Das war zu der Zeit, als ich ein neues Ballett vorbereitete. In diesem Augenblick wurde mir klar, dass Carmen die Titelpartie in „La Belle et la Bête" übernehmen sollte.

Geboren in Brasilien
von 1990 bis 2001 Mitglied des Ensembles
wichtige Partien:
„Erinnerung an das Goldene Zeitalter", „Das kriminelle Kind", „Ein deutsches Requiem", „Meddle", „Schwanensee" (Die Königin), „La Belle et la Bête" (Titelrolle), „Angie" (Titelrolle), „Box Of Pearls", „Gilgamesch-Epos" (Siduri)

Carmen Balochini in „Grosse Fuge" aus dem Ballett „Erinnerung an das Goldene Zeitalter"

Kaori Nakazawa

war die verkörperte Perfektion auf der Bühne. Ihre Stärke besteht darin, dass es ihr sicheres Gefühl für die Bühne erlaubt, auch das Hässliche darzustellen. Sie kann sich in eine völlige Kunstfigur verwandeln und damit die Freiheit gewinnen, sich vorbehaltlos in der grossen Palette ihrer Möglichkeiten zu bewegen und dadurch grossartig zu sein. Sie ist nicht unbedingt ein Publikumsliebling, denn entweder mag man sie oder nicht. Aber alle meine Ballette, in denen sie mitwirkte, hätten nur die Hälfte ihrer Kraft ohne Kaori gehabt.

Manchmal hatte ich das Gefühl, dass die Bühne zu klein für sie war. Als kurz nach ihrem Auftritt als ‚Ischtar' in meinem Ballett „Gilgamesch-Epos" die ganze Maschinerie der Unterbühne des Grossen Hauses total kaputt ging und die gesamte Bühnentechnik nicht mehr funktionierte, wurde gescherzt, daran sei die Heftigkeit ihres Tanzes schuld, bei dieser Energieentfaltung seien immer Unfälle möglich.

Geboren in Japan, studierte sie unter anderem in Moskau, St. Petersburg und London. 1992 kam sie nach Gelsenkirchen. Am Tag ihres Vortanzens sah sie eine Vorstellung unserer Compagnie. Später erzählte sie mir, dass sie dieses Ballett unbedingt einmal tanzen wolle – es war mein Ballett „Das kriminelle Kind". Jahre später hatte ich das Glück, bei einer Wiederaufnahme Carmen Balochini, Rolf Gildenast, Rubens Reis, Kaori Nakasawa gemeinsam in diesem Ballett zu sehen. Das waren vier meiner besten Solisten in einer Produktion.

Kaoris Qualitäten kann ich mit denen von Linda Calder vergleichen, weswegen Kaori auch viele Partien von Linda in einigen Wiederaufnahmen wie zum Beispiel „Lied der Sonne" und „Cinderella" übernahm.

2001 entschied sich Kaori Nakazawa aus gesundheitlichen Gründen mit dem Tanzen aufzuhören. Ich bot ihr die Position als Trainingsleiterin und Assistentin an. Ihre Kenntnisse und Fähigkeiten, die sie sich bei Lehrern der Royal Ballet School in London, und in der Ballettakademie des Bolschoi-Theaters in Moskau erworben hatte, gepaart mit der langen Erfahrung ihrer Arbeit in Gelsenkirchen, prädestinierte sie zu dieser Arbeit. Es ist unglaublich, wie sie eine Bewegung oder pure Tanztechnik analysieren kann. Manchmal erträume ich mir eine Compagnie von lauter Kaoris. In Wahrheit weiß ich aber nicht, ob man eine so geballte Energie von, wie sie manchmal von Kollegen bezeichnet wurde, „Kamikaze"-Tänzern in Compagniestärke ertragen könnte ...

Geboren in Japan
von 1992 bis heute Mitglied des Ensembles
wichtige Partien:
„Der Feuervogel" (Titelrolle), „Ein deutsches Requiem", „Schwanensee" (Schwanenprinzessin), „La Belle et la Bête" (Adelaide), „La Sylphide" (Titelrolle), „Photoptosis", „Box Of Pearls", „Gilgamesch-Epos" (Ischtar)

unten: Kaori Nakazawa als „Cinderella"

Rolf Gildenast

tanzt, wie ich choreographiere, wenn der rationale Überbau steht, nämlich völlig aus dem Bauch. Sein Drang, auf der Bühne zu stehen, erlaubt ihm Grossartiges zu schaffen. Er fragt nicht danach, ob er schön oder technisch sein soll, er ist einfach da. Ich nenne die Musikalität von Linda, die Ausstrahlung von Ellen, die natürliche Liebe von Carmen, den Mut von Kaori und die Ausdauer und Bedingungslosigkeit von Rubens, um zu erklären, wofür Rolf Gildenast steht.

Er hat mir erzählt, dass er vor vielen, vielen Jahren als junger Tänzer mein Ballett „Lied der Sonne" gesehen habe. Die Leistung der Tänzerinnen und Tänzer habe ihm so imponiert, dass er sich dachte, „...hier brauch' ich erst gar nicht vorzutanzen, das schaff' ich sowieso nicht." Jahre später, nachdem er mehr Erfahrung in seinem Beruf gesammelt hatte, kam er zurück und tanzte vor. Er verkörpert zwar nicht das typische Tänzerbild, doch aufgrund der oben genannten Qualitäten habe ich ihm schon in seinem ersten Jahr Solopartien anvertraut. Mit Rolf zu arbeiten, ist überaus angenehm. Er bringt vorbehaltlos alle seine Talente ein, oft ist man bei ihm in der für einen Choreographen wunderbaren Situation, dass man ihn eher bremsen als antreiben muss. Er begreift intuitiv immer sehr schnell, was künstlerisch gewollt ist. Bei der ganzen Bandbreite seiner Darstellungsmöglichkeiten gefällt mir am besten, wenn er einfach hingebungsvoll und grazil tanzt. Ich denke an „Stabat Mater", „Mobile" und auch an „Box Of Pearls".

Als letzte Arbeit kreierte ich für ihn die Partie des ‚Gilgamesch'. Wenn ich zurückdenke, wie er die Rolle verkörperte, glaube ich, die Bühnenfigur ‚Gilgamesch' und der Tänzer Rolf haben etwas Gemeinsames. Ich meine nicht die große Liebe zu einem Freund, sondern die Kraft, dem einmal eingeschlagen Weg zu folgen, ohne aufgeben das Ziel zu suchen.

Geboren in Deutschland
von 1993 bis 2001 Mitglied des Ensembles
wichtige Partien:
„Der Feuervogel" (Prinz), „Ein deutsches Requiem", „Meddle", „West Side Story" (Riff), „La Belle et la Bête" (Eines der drei Bêtes), „West Side Rap" (Rocket), „La Sylphide" (Die Hexe), „Photoptosis", „Box Of Pearls", „Gilgamesch-Epos" (Titelrolle)
2002 Theaterpreis des Vereins der Freunde des Musiktheaters

unten: Rolf Gildenast 1999 in „Mozartsonaten"

Marta Nejm

Als ich 1988 einer Einladung des Goethe-Instituts folgte, in Brasilien für das Bale Teatro Guaira in Curitiba, mein Ballett „Reigen" einzueinstudieren, hatte ich das Glück, Marta Nejm als Assistentin zu bekommen. Ich spreche kein portugiesisch und Marta sprach damals maximal drei Worte englisch. Unsere Zusammenarbeit war das schönste Beispiel dafür, wie man sich mit Bewegung und Gesten über den Tanz verständigen kann. Wir lernten bis in die Nächte hinein sämtliche Tanz-Paarungen von Schnitzlers „Reigen", um sie an den folgenden Tagen mit der Compagnie einstudieren zu können. Es waren vier intensive Wochen – der Anfang einer guten Zusammenarbeit und einer Freundschaft. „Reigen" wurde in Brasilien ein grosser Erfolg.

Ein Jahr später folgte mir Marta nach Gelsenkirchen und war hier erstaunliche zwölf Jahre lang Trainingsleiterin. Ich sage erstaunlich, weil es sich mit der Position eines Trainingsleiters so verhält: Die Tänzerinnen und Tänzer einer Compagnie haben alle eine verschiedene Ausbildung genossen, darum können sie naturgemäß mit dem vorgegebenen Compagnie-Training nicht völlig zufrieden sein. Hinzu kommt, das sie sich während einer anstrengenden Probenzeit gerne ein Ventil für ihre Frustrationen suchen und den Grund für eine Unzufriedenheit oft auf den armen Trainingsleiter projizieren. Infolgedessen wechseln in den Tanzcompagnien der ganzen Welt die Trainingsleiter meistens alle ein bis spätestens drei Jahre zwangsläufig ihre Arbeitsplätze. Marta aber hat es geschafft, mit Einfühlungsvermögen, viel Liebe und pädagogischem Geschick die Compagnie über eine so lange Zeit motivieren zu können und die Tanztechnik fortwährend zu verbessern. Sie besitzt dafür meinen grossen Respekt und tiefen Dank!

Wenn ich sie manchmal auch als Tänzerin eingesetzt habe, hat sie nicht nur mich beeindruckt – welcher Zuschauer meines Ballettes „Johannespassion" wird ihre Darstellung der ‚Touristin' vergessen können?

Geboren in Brasilien
von 1939 bis 2001 Mitglied des Ensembles als Trainingsleiterin und Assistentin
wichtige Partie:
„Johannespassion"

unten: Marta Nejm und Ensemble in „Johannespassion"

Salvador Caro

begann als Ballettrepetitor und -dirigent gemeinsam mit mir am Gelsenkirchener Musiktheater. Neben seiner Hauptaufgabe – bis zum heutigen Tage –, das tägliche Training der Tänzerinnen und Tänzer mit dem Piano zu begleiten, war er bei vielen Ballettproduktionen als musikalischer Mitarbeiter kreativ. Er hat unter anderem die Musiken für „Reigen" zusammengestellt, arrangiert, bearbeitet, am Klavier gespielt und für die Kinder-Ballette „Dr. Coppelius", „Knochenhart" und „Standbein-Spielbein" die Musik geschrieben, bearbeitet, zum Teil selbst gespielt und dabei noch moderiert. Ich werde nie vergessen, wie er in „Dr. Coppelius" (nach Delibes) vor einem umfangreichen Instrumentarium saß, welches er rund um sein Piano aufgebaut hatte – Töpfe, Pfannen, Hölzer, Waschbrett, Pfeifen und so weiter – und nach Herzenslust mit viel Fantasie zum Spaß der Kinder musizierte!

Eines Tages war ich mit ihm in einem Musikgeschäft in Dortmund. Wir wühlten gemeinsam in den Containern mit CDs, um nach einer möglichen musikalischen Vorlage für den Ballettabend in der nächsten Spielzeit im Großen Haus zu stöbern. Nach langer Zeit, als wir mehr über den Containern lagen als vor ihnen standen und meine Augen vom vielen Titel-Lesen zu schielen begannen, stöhnte er: „Ich kann diese Hintergrundmusik nicht mehr ertragen!" Ich fragte: „Was für Hintergrundmusik?" – „Na hörst Du nicht? Dieser Walzer von Tschaikowsky!" – Ich lauschte eine Sekunde und wir stürzten uns auf den Container mit dem Buchstaben ‚T' und sammelten alle Tschaikowsky-Kammermusiken, die dort zu finden waren. Daraus schuf Salvador dann mit mir zusammen das musikalische Gerüst für mein Ballett „Nur wer die Sehnsucht kennt...", für das er auch das Dirigat übernahm.

1994 baten die Eltern von Ellen Bucalo (siehe Porträts S. 128) den gebürtigen Puertoricaner Salvador Caro, zusammen mit ihnen den „Ellen-Bucalo-Fonds" zu gründen. Wie von der Familie Seidman-Bucalo gewünscht, bietet der „Ellen-Bucalo-Fonds" finanzielle Starthilfe für neu engagierte Mitglieder des Ballett Schindowski und organisiert Benefizveranstaltungen zu Gunsten von Hospizen im Ruhrgebiet.

geboren in Puerto Rico
von 1978 bis heute Ballettrepetitor und musikalischer Mitarbeiter von Bernd Schindowski sowie Dirigent des Musiktheater im Revier
wichtige Produktionen:
„Tanzgeschichte", „Winterreise", „Die Versuchung des Heiligen Antonius", „Cinderella", „Reigen", „Wenn die Instrumente tanzen...", „Romeo und Julia", „Lied der Sonne", „Le Chout", „Petruschka", „Standbein-Spielbein", „Nur wer die Sehnsucht kennt...", „Dr. Coppelius", „Knochenhart", „West Side"

Salvador Caros ‚Mini-Orchester' für „Dr. Coppelius"

DIE COMPAGNIE HEUTE

Die Porträts der zehn Ballett-Persönlichkeiten, die im Laufe von 25 langen Jahren für mich besonders wichtig wurden, sind vor dem Hintergrund von fünfundzwanzig Tanzensembles zu sehen, die meine Arbeit erst ermöglichen. Keine Gruppierung, war sie auch noch so erfolgreich, blieb nach einem Bühnenjahr völlig unverändert. Dies ist eine Erscheinung, die selbst auf manchen Theaterintendanten befremdlich wirken kann: Im Gegensatz zu Sängerinnen und Sängern, die ihre Sesshaftigkeit oft in Form von Familie begründen, sind Tänzerinnen und Tänzer genuin von einer drängenden Abenteuer-

Valter Azevedo, Brasilien

Franziska Héléne Ballenberger, Deutschland

Marika Carena, Italien

Chiou-o Chiang, Taiwan

Yves Fournès, Frankreich

Kostyantyn Grynyuk, Ukraine

Benjamin Harder, Deutschland

Min-Hung Hsieh, Taiwan

Andrea Kingston, Australien

und Entdeckungslust geprägt, die sie tatsächlich in den Stand versetzen, die berühmte Zahnbürste im wahrsten Sinne des Wortes schnell zu packen und woanders auf der Welt ein sogenanntes „Neues Leben" anzufangen. Dieser permanente Wechsel um mich herum bringt natürlich in der Praxis manche Probleme und für mich eine gewisse Traurigkeit, doch in seiner positiven Wirkung hält er mich dauernd in Bewegung, ist von inspirierender Kraft und hat Journalisten den Begriff vom „ewig jungen Ballett Schindowski" kreieren lassen.

Als Dank für alle meine bisherigen Compagnien und deren engagierte Protagonisten möchte ich das aktuelle Ensemble in der Saison 2002/03 vorstellen:

Chih-Kuo Liu, Taiwan

Tatiana Marchini, Italien

Cécile Rouverot, Frankreich

Rubens Reis, Brasilien/Deutschland

Paula Santos, Brasilien

Roberto Silva, Brasilien

Jakub Spocínski, Polen

Maki Taketa, Japan

UND SIE MUSS AUSGERECHNET EINE PUTZFRAU SPIELEN

Die Tänzerin Cécile Rouverot zwischen Bühne und Alltag
Von Jörg Loskill

Der Alltag eines Tänzers, einer Tänzerin – man stellt sich ihn aus bürgerlicher Sicht vielleicht extrem und strapaziös, vielleicht auch stressig vor. Immer fit sein, den Körper trimmen, Geist und Physis auf einen Level konzentrieren, den Traum von der schwebenden Schwerelosigkeit träumen. Tag für Tag, Training für Training, Vorstellung für Vorstellung. Und so weiter. Sie wischt diese Einschätzung lächelnd und mit einer leichthin ausgeführten Geste hinweg: Cécile Rouverot, Französin, 26 Jahre jung, seit vier Jahren Mitglied der Compagnie von Bernd Schindowski.

Sie war in nahezu allen Stücken in dieser Zeit, in den Neuproduktionen wie in den Wiederaufnahmen, mit Solistenrollen vertreten – von „Auf ein Neues" bis zu „High Fidelity", von „appassionato" bis „Box Of Pearls", von „Standbein – Spielbein" bis „Gilgamesch-Epos", von „Der Tod der Cleopatra" bis „Lied der Sonne", von „Reise nach Kythera" bis „Die Erschaffung der Welt" – ein „gewolltes Abenteuer" nach dem anderen. So sagt die grazile Tänzerin, die in vielen Dingen nicht dem Klischee einer muskeltrainierten Tanzakrobatin entspricht. Sie verkörpert den Typ der lyrischen Ästhetin, die mit wirbligem Temperament den Theaterraum ausfüllt und beherrscht.

In Chatillon bei Paris geboren, studierte sie Musik (Klavier) und Ballett am Conservatoire in Cergy-Pontoise. Schon während des Studiums entdeckte sie ihre Nähe zum Modern Dance, weniger zum „ballet classique". Erste Engagements führten sie an die Opera de Tours und an das Festival von Avignon. Zwischendurch absolvierte sie noch das Tanzlehrerdiplom in Paris. 1999 wurde sie von Bernd Schindowski verpflichtet. Gelsenkirchen? Kannte sie vorher nicht. Eine Freundin hatte sie auf das Theater und die Compagnie im Ruhrgebiet aufmerksam gemacht. „Ich wollte meinen Horizont erweitern – da passte dieses Engagement sehr gut."

Bernd Schindowski erarbeitet Choreographien, die sie schätzt: Die Vielseitigkeit, die kleinen Verrücktheiten, die überraschenden Pointen, die Poesie, die Melancholie, die Heiterkeit – all diese Facetten kommen ihrem Naturell entgegen. Ist Schindowski ein „typisch deutscher" Choreograph? Nein, sie hätte sich zuvor deutsches Ballett anders vorgestellt.

Und ihr Alltag zwischen privater Intimität und beruflicher Expression? „Er ist doch ganz normal", findet Cécile Rouverot. Morgens brauche sie ein richtig schönes, ausgiebiges Frühstück („Die französisch spartanische Art hab' ich fast vergessen, der begegne ich allerdings dann, wenn ich meine Eltern, ich stamme aus einer Verlegerfamilie in Paris, besuche"), dann eile sie zum Theater. Das sei ihre „Heimat", ihr Mittelpunkt, ihre Arbeits- und Sehnsuchtsstätte. „Mit dem Tanz kann man so schnell die Umgebung vergessen. Ich tauche ein in eine andere Welt – ein klingender Kosmos aus Gedanken, Tönen, Gesten, Füßen, Körpern, Bewegungen, Gymnastik, Geist und Materie."

Trainingspensum von 10 bis 11.30 Uhr, eine halbe Stunde Pause – „ein kurzes Zurücklehnen", ein Innehalten. Dann neue Konzentration bei der folgenden Probe: 12 bis 14 Uhr. Neue Schritte, neues Zählen, immer wieder zählen, einordnen in die Riege, das Herausschnellen in ein schönes Solo. Wieder zählen, Rhythmus einhalten, Temperament entfalten. Und schon wieder sich disziplinieren. Disziplin sei vielleicht die wichtigste Grundbedingung für eine Tänzerin, einen Tänzer. „Da muss man durch. Das fällt nicht immer leicht." Dann: Aufatmen, Durchatmen, Pause, Relaxen. Duschen, der Gang nach Hause. Kaputt, mürbe und müde? „Ja, sischer", spricht sie mit feinem französischen Akzent, „ich brauche auch die Stille, die Ruhe, das In-mich-versenken." Und sie muss etwas essen. Sie habe jeden Mittag Hunger. Diät? Nein, davon hält sie nicht viel. Was kommt auf den Tisch: „Besonders gern Pasta. Oder auch Fisch mit Reis."

Einkaufen, Bummeln. Kleine Abwechslung am Nachmittag. Und wieder zurück ins Musiktheater. 17.30 Uhr ist Pflichtantritt, denn um 18 Uhr beginnt die zweite Probe. Bis 19.30 Uhr. Kleine Pause, von 20 bis 21.30 Uhr die dritte Probenphase an diesem Tag. Das ist Routine. „Wenn eine Vorstellung angesetzt ist, komme ich eine gute halbe Stunde vor dem Beginn zum ‚warm up'." Doch dann kann es am Abend noch später werden. Schindowskis Choreographien würden die Compagnie stark fordern. Da müsse sie in jeder Sekunde „alles" geben. Auf der Bühne sei „Innenspannung" gefragt.

Natürlich gibt es auch Freizeit – besonders montags, wenn die Theaterleute eine Vorstellungs- und Probenpause einlegen. Sie geht mit ihrem Freund gern ins Kino, spaziert durch die grünen Lungen des Ruhrgebietes, fährt zum Shoppen in die Nachbarstadt. Und sie liest gern – Krimis, Frauenmagazine, Liebesgeschichten. „Ich kann die Welt vergessen, wenn ich lese – sogar den Tanz. Aber nur für einen Abend, ein paar Stunden." Ballett sei ihre Lebensmitte – aber das könne sich auch wieder verändern. Alt werden beim Tanz will sie doch nicht. Sie würde gern eine ganz normale Familie gründen, mit zwei Kindern und einem Haus und einem Garten und einer schönen Reise pro Jahr. Sie hört am liebsten Pop-Balladen. Kehrt jedoch meist schnell zurück zur Klassik. Sie liebt Brahms „und überhaupt deutsche Romantik." Aber auch Berlioz, Ravel und Chopin. „Ich kann in diese Musik regelrecht eintauchen."

Welches Ballett von Bernd Schindowski sie besonders schätze? „Eigentlich alle. In allen Choreographien kann ich mein Können, meine Leidenschaft, meinen Stil zeigen." Ach nein, in einem Fall nicht, lacht sie: „In ‚Wenn die Instrumente tanzen', dem Erfolgs-Dauerrenner für Kinder, muss ich eine Putzfrau spielen! Ausgerechnet eine Putzfrau! Da verstehe ich die Welt nicht." Aber da sind ja die anderen Rollen und Figuren in „High Fidelity", in „Reise nach Kythera", im „Lied der Sonne", in „Gilgamesch". Und so weiter.

Cécile Rouverot: der französische Farbtupfer in den „Vereinten Nationen" der Ballettcompagnie am Musiktheater. Tanz ist multikulturell und multinational.

139

WERKVERZEICHNIS
BERND SCHINDOWSKI

Nicht aufgenommen sind die Arbeiten am Stadttheater Ulm

Spielzeit 1978/79

25. Oktober 1978 KH
Melodie der Tierkreiszeichen
Musik: Karlheinz Stockhausen
Gesang der Jünglinge im Feuerofen
Musik: Karlheinz Stockhausen
Frollein M. erinnert sich...
Beckett-Groteske nach „Kommen und Gehen"
Medea
Musik: James Whitman
Bühne: Erwin W. Zimmer
Kostüme: Renate Schmitzer

17. Juni 1979 KH
Auf verwachsenem Pfade
Tagebuch eines Verschollenen
Singselige Dumka und andere Männerchöre
Musik: Leos Janacek
Bühne: Erwin W. Zimmer
Kostüme: Renate Schmitzer

30. Dezember 1978 GH
- Ballett Schindowski tanzt für Kinder -
Tanzgeschichte
Musik: verschiedene
Der Zauberlehrling
Musik: Paul Dukas
Bühne: Erwin W. Zimmer
Kostüme: Renate Schmitzer

Spielzeit 1979/80

8. November 1979 KH
Tristan und Isolde
Musik: Hans Werner Henze
Ausstattung: Erwin W. Zimmer

19. Januar 1980 GH
Die vier Jahreszeiten
Musik: Antonio Vivaldi
Bühne: Erwin W. Zimmer
Kostüme: Renate Schmitzer

Spielzeit 1980/81

26. Oktober 1980 KH
Die vier Temperamente
Musik: Paul Hindemith
Ausstattung: Johannes Leiacker

21. Dezember 1980 KH
Winterreise
Musik: Franz Schubert
Ausstattung: Erwin W. Zimmer

21. Februar 1981 GH
Für Linda
Musik: Wolfgang Amadeus Mozart
...oder sie töten ihre Pferde
Musik: Béla Bartók
Ausstattung: Erwin W. Zimmer

Spielzeit 1981/82

17. Oktober 1981 GH
Der Zweikampf
Musik: Claudio Monteverdi
Ausstattung: Johannes Leiacker
Pulcinella
Musik: Igor Strawinsky nach
Giovanni Battista Pergolesi
Ausstattung: Johannes Leiacker

28. Mai 1982 KH
Die Legende der sieben Söhne
Musik: Béla Bartók
Ausstattung: Erwin W. Zimmer

Spielzeit 1982/83

26. September 1982 GH
Die Versuchung des Heiligen Antonius
Musik: Johannes Brahms / James Whitman
Ausstattung: Johannes Leiacker

27. Januar 1983 KH
- Ballett Schindowski tanzt für Kinder -
Die Springteufel
Musik: Igor Strawinsky
Ausstattung: Erwin W. Zimmer

2. Juni 1983 KH
Serenade für vier Elephanten
Musik: Paul Hindemith / Igor Strawinsky
Ausstattung: Erwin W. Zimmer

Spielzeit 1983/84

21. Oktober 1983 KH
- Ballett Schindowski tanzt für Kinder -
Erschaffung der Welt
Musik: Darius Milhaud/Nubische Volksmusik
Bühne: Manfred Dorra
Kostüme: Leonie Grimm / Petra Klysz

8. Januar 1984 GH
Cinderella
Musik: Serge Prokofieff
Ausstattung: Johannes Leiacker

19. Februar 1984 GH
- Ballett Schindowski tanzt für Kinder -
Cinderella, eine Bearbeitung für Kinder

17. Juni 1984 KH
Kindertotenlieder
Musik: Gustav Mahler
Das Marienleben
Musik: Paul Hindemith
Bühne: Erwin W. Zimmer
Kostüme: Petra Klysz / Leonie Grimm

Spielzeit 1984/85

18. Oktober 1984 KH
- Ballett Schindowski tanzt für Kinder -
Serenade für vier Elephanten
eine Bearbeitung für Kinder

23. Dezember 1984 GH
Das Narrenschiff (Carmina Burana)
Musik: Musik nach den originalen mittelalterlichen Gesängen aus dem Manuskript "Carmina Burana"
Ausstattung: Johannes Leiacker

7. April 1985 KH
Reigen
Musik: Jean Françaix / Kurt Weill
Liebeslieder
Musik: Chansons
Kostüme: Martina Mogilka
Bühne: Erwin W. Zimmer

Spielzeit 1985/86

28. September 1985 KH
- Ballett Schindowski tanzt für Kinder -
Wenn die Instrumente tanzen...
Musik: Benjamin Britten u.a.
Bühne: Erwin W. Zimmer
Kostüme: Leonie Grimm

22. Dezember 1985 GH
Romeo und Julia
Musik: Serge Prokofieff
Ausstattung: Johannes Leiacker

24. Mai 1986 KH
Lied der Sonne
Musik: Steve Reich
Bühne: Erwin W. Zimmer
Kostüme: Leonie Grimm

Spielzeit 1986/87

7. Dezember 1986 GH
Le Chout
Musik: Serge Prokofieff
Petruschka
Musik: Igor Strawinsky
Bühne: Johannes Leiacker
Kostüme: Leonie Grimm

3. Mai 1987 KH
- Ballett Schindowski tanzt für Kinder -
Standbein – Spielbein
Musik: verschiedene
Ausstattung: Erwin W. Zimmer

28. März 1987 KH
Reise nach Kythera
Musik: Claude Debussy
Bühne: Erwin W. Zimmer
Kostüme: Leonie Grimm

Spielzeit 1987/88

17. Oktober 1987 KH
-Ballett Schindowski tanzt für Kinder-
Der Feuervogel
Musik: Igor Strawinsky
Bühne: Manfred Dorra
Kostüme: Wolfgang Scharfenberger

23. Januar 1988 GH
Don Juan
Musik: Christoph Willibald Gluck
Bühne: Manfred Dorra
Kostüme: Bennie Voorhaar

2. Juni 1988 KH
Feuerwerk
Musik: Meredith Monk / John Adams
Bühne: Manfred Dorra
Kostüme: Bennie Voorhaar

Spielzeit 1988/89

27. Januar 1989 GH
Nur wer die Sehnsucht kennt...
Musik: Peter Ilijitsch Tschaikowsky
Bühne: Manfred Dorra
Kostüme: Bennie Voorhaar

13. Mai 1989 KH
-Ballett Schindowski tanzt für Kinder-
Kaleidoskop
Musik: Philip Glass u. a.
Bühne: Manfred Dorra
Kostüme: Bennie Voorhaar

Spielzeit 1989/90

13. Januar 1990 GH
Erinnerung an das goldene Zeitalter
Musik: Ludwig van Beethoven
Bühne: Manfred Dorra
Kostüme: Bennie Voorhaar

24. März 1990 KH
- Ballett Schindowski tanzt für Kinder -
Dr. Coppelius
Musik: Leo Delibes,
in einer Bearbeitung von Salvador Caro
Bühne: Manfred Dorra
Kostüme: Bennie Voorhaar

Spielzeit 1990/91

12. Januar 1991 GH
Johannespassion
Musik: Johann Sebastian Bach
Bühne: Manfred Dorra
Kostüme: Bennie Voorhaar
Konzeptionelle Mitarbeit: Jens Rodenberg

1. Juni 1991 KH
Das kriminelle Kind
Text: Jean Genet
Bühne: Manfred Dorra
Kostüme: Bennie Voorhaar
Konzeptionelle Mitarbeit: Jens Rodenberg
Spielzeit 1991/92

5. Oktober 1991 KH
- Ballett Schindowski tanzt für Kinder -
Schudeldudel
Musik: verschiedene
Bühne: Manfred Dorra
Kostüme: Bennie Voorhaar

19. Januar 1992 GH
Sequenz
Musik: Hildegard von Bingen
Bühne: Manfred Dorra
Kostüme: Bennie Voorhaar
Les Illuminations
Musik: Benjamin Britten
Bühne: Manfred Dorra
Kostüme: Bennie Voorhaar
Konzeptionelle Mitarbeit: Jens Rodenberg

Spielzeit 1992/93

8. November 1992 GH
Ubu Roi
Musik: Mauricio Kagel /
Bernd Alois Zimmermann
Skulpturen: Roberto Cordone
Bühne: Manfred Dorra
Sacre
Musik: Igor Strawinsky
Bühne: Manfred Dorra
Kostüme: Bennie Voorhaar
Konzeptionelle Mitarbeit: Jens Rodenberg

23. Januar 1993 KH
- Ballett Schindowski tanzt für Kinder -
Knochenhart
Musikalische Arrangements und
Komposition: Salvador Caro
Bühne: Manfred Dorra
Kostüme: Bennie Voorhaar

7. Mai 1993 KH
**Étude Pathétique –
Fantasie über das Glück**
Musik: Franz Liszt
Bühne: Bernd Schindowski
Kostüme: Bennie Voorhaar
„Gewidmet meinem Freund Konrad Schilling

Spielzeit 1993/94

16. Januar 1994 GH
Stabat Mater
Musik: Giovanni Battista Pergolesi
Der Feuervogel
Musik: Igor Strawinsky
Bühne: Bernd Schindowski
Kostüme: Bennie Voorhaar

4. Juni 1994 Maximilianhalle Hamm
(Westfälisches Musikfestival)
Ein deutsches Requiem
Musik: Johannes Brahms
Bühne: Manfred Dorra
Kostüme: Bennie Voorhaar

Spielzeit 1994/95

24. Oktober 1994 KH
Meddle
Musik: Pink Floyd
Bühne: Manfred Dorra
Kostüme: Bennie Voorhaar

13. Mai 1995 KH
Schwanensee
Musik: Peter Ilijitsch Tschaikowsky
Bühne: Manfred Dorra
Kostüme: Bennie Voorhaar

Spielzeit 1995/96

15. September 1995 GH
West Side Story – Musical
Musik: Leonard Bernstein
Bühne: Johannes Leiacker
Kostüme: Bennie Voorhaar
Konzeptionelle Mitarbeit:
Jens Rodenberg

4. Februar 1996 KH
- Ballett Schindowski tanzt für Kinder –
Abadou
Musik: verschiedene
Bühne: Bernd Schindowski
Kostüme: Bennie Voorhaar

13. Juni 1996 KH
Mobile
Musik: Anton Webern
Bühne: Rosemarie Nöcker
Kostüme: Bennie Voorhaar

Spielzeit 1996/97

20. Dezember 1996 GH
La Belle et la Bête
Musik: Philip Glass
Bühne: Johannes Leiacker
Kostüme: Bennie Voorhaar

Spielzeit 97/98

12. Oktober 1997 KH
Angie
Musik aus dem antiken Rom
Bühne: Bernd Schindowski
Kostüme: Bennie Voorhaar

3. Februar 1998 KH
- Ballett Schindowski tanzt für Jugendliche -
Heavy Music – Cool Love 1998
Choreographie: Bernd Schindowski
und Jugendliche
Musik: verschiedene

7. Juni 1998 Opernhaus Wuppertal
- Ballett Schindowski tanzt für Jugendliche -
West Side Rap – das Gebot der Straße –
Libretto: Bernd Schindowski /
Winfried Fechner
Musik: Main Concept
Rap-Texte: David Papo
Bühne: Johannes Leiacker /
Bernd Schindowski
Kostüme: Bennie Voorhaar

Spielzeit 1998/99

5. Dezember 1998
Festspielhaus Recklinghausen
La Sylphide
Musik: Herman Severin Lovenskiold /
Franz Liszt
Bühne: Johannes Leiacker
Kostüme: Renate Schmitzer

16. März 1999 KH
- Ballett Schindowski tanzt für Jugendliche -
Heavy Music - Cool Love 1999
Choreographie: Bernd Schindowski und
Jugendliche. Musik: verschiedene

Spielzeit 1999/00

12. September 1999 KH
Mozartsonaten
Musik: Wolfgang Amadeus Mozart
Ausstattung: Bernd Schindowski
Photoptosis
Musik: Bernd Alois Zimmermann
Ausstattung: Bernd Schindowski

31. Dezember 1999
Opernhaus Wuppertal
Auf ein Neues...!
Musik: Antonio Vivaldi
Bühne: Manfred Dorra
Kostüme: Bernd Schindowski

1. März 2000 KH
- Ballett Schindowski tanzt für Jugendliche -
Heavy Music – Cool Love 2000
Choreographie: Bernd Schindowski und
Jugendliche
Musik: verschiedene

Spielzeit 2000/01

9. September 2000 KH
Box Of Pearls – Bachkantaten
Musik: Johann Sebastian Bach
Ausstattung: Bernd Schindowski

27. Januar 2001 GH
Gilgamesch-Epos
Musik: Stefan Heucke
Bühne: Manfred Dorra
Kostüme: Bernd Schindowski
Auftragskomposition

15. März 2001 KH
- Ballett Schindowski tanzt für Jugendliche -
Heavy Music – Cool Love 2001
Forbidden Love
Choreographie: Bernd Schindowski und
Jugendliche
Musik: Giacomo Puccini/Robert
Schumann/Camille Saint-Saens u.a.,
in einer Bearbeitung von Kai Tietje und
Günther Holtmann
Ausstattung: Rubens Reis/
Bernd Schindowski

Spielzeit 2001/02

26. Oktober 2001 KH
appassionato – Beethovensonaten
Musik: Ludwig van Beethoven
Ausstattung: Bernd Schindowski
Die im Bühnenbild integrierten Proträts sind
Arbeiten des Fotografen Eugen Zymner

16. Februar 2002 GH
Der Tod der Cleopatra
Musik: Hector Berlioz
Bühne: Manfred Dorra
Kostüme: Bernd Schindowski

5. Mai 2002 KH
- Ballett Schindowski tanzt für Jugendliche -
Heavy Music – Cool Love 2002
Turtle Dreams
Choreographie: Bernd Schindowski und
Jugendliche
Musik: Meredith Monk/John Adams
und Jugendliche
Bühne: Manfred Dorra und Jugendliche
Kostüme: Bernd Schindowski

Spielzeit 2002/03

12. Januar 2003 GH
High Fidelity
Musik: Songs von Elvis Presley
Idee und Konzeption der
Audio Kostüme: Benoît Maubrey
Komposition für die Audio Kostüme:
Salvador Caro
Digital Composing: Günther Holtmann
Bühne: Manfred Dorra
Kostüme: Andreas Meier/
Wolfgang Scharfenberger

25. April 2003
Consol Theater Gelsenkirchen m
Rahmen des Festivals „Klezmerwelten"
Ballett Schindowski tanzt zu Klezmer
Es spielt das Ensembles
Badeken di Kallah
Musik: Klezmer-Musik
Bühne: Manfred Dorra
Kostüme: Andreas Meier/
Wolfgang Scharfenberger

5. Juni 2003 KH
- Ballett Schindowski tanzt für Jugendliche -
Heavy Music – Cool Love 2003
Trash
Choreographie: Bernd Schindowski und
Jugendliche
Texte: Kurt Schwitters und Jugendliche
Musik: Komponiert, bearbeitet und Live
gespielt von Jugendlichen
Bühne: Manfred Dorra und Jugendliche
Kostüme: Bernd Schindowski

Choreographien für andere Theater:

1978
Gesang der Jünglinge im Feuerofen
Musik: Karlheinz Stockhausen
Städtische Bühnen Heidelberg

1987
Tanzgeschichte
Die Erschaffung der Welt
-Ballette für Kinder-
Musik: D. Milhaud u.a.
Hessisches Staatstheater Wiesbaden

1987
Winterreise
Musik: Franz Schubert
Hessisches Staatstheater Wiesbaden

1988
Reigen
Musik: Jean Françaix / Kurt Weill
Teatro Guaira/Curitiba, Brasilien

1990
Tanz der Salome
choreographiert für
die Sängerin Cathrine Malfitano
Musik: Richard Strauss
Deutsche Oper Berlin

1991
Les Illuminations
Musik: Benjamin Britten
Staatsoper Dresden, Semperoper

1999
Jekyll & Hyde (Musical)
Musik: Frank Wildhorn
Inszenierung: Dietrich Hilsdorf
Choreografie: Bernd Schindowski
Musical-Theater Bremen
Wiederaufnahme in Wien und Köln

Operninszenierungen:

1978
Johanna auf dem Scheiterhaufen
Musik: Arthur Honegger
Inszenierung des szenischen Oratoriums zur
600-Jahre-Feier des Ulmer Münsters

1987
Satiricon
Musik: Bruno Maderna
Hessisches Staatstheater, Wiesbaden

1992
Was mir die Liebe erzählt...
Uno scenario diffuso d'amore
Musik: Giacomo Puccini
16. Duisburger Akzente

BIOGRAFISCHE HINWEISE

Prof. Dr. jur. Alfred Biolek

Geboren 1934 in Freistadt (Tschechien). Studium der Rechte, 1962 Promotion; von 1963 bis 1970 beim ZDF unter anderem stellvertretender Hauptabteilungsleiter Kultur/Unterhaltung), bis 1973 Leiter der Hauptabteilung Unterhaltung bei BAVARIA (München). 1978 bis 1982 Moderator/Produzent der Sendung „Bio's Bahnhof". 1978 Lehrauftrag an der Universität Bochum (Medienkunde). 1983/84 Moderator/Produzent der Sendereihe „Bei Bio". 1985 bis 1991 Moderator/Produzent der Sendereihe „Mensch Meier". Seit Oktober 1992 Professor an der Kunsthochschule für Medien in Köln. Seit 1991 Moderator/Produzent der ARD-Talkshow „Boulevard Bio". Seit 1994 Moderator/Produzent der ARD-Kochshow „alfredissimo! – Kochen mit Bio". Seit 2000 UN Botschafter der Deutschen Stiftung Weltbevölkerung.

Dr. Norbert Lammert, MdB

Geboren 1948 in Bochum, Studium der Politikwissenschaft, Soziologie, Neueren Geschichte und Sozialökonomie; Promotion 1975. Freiberufliche Tätigkeit als Dozent in der Erwachsenen und Weiterbildung bei Akademien, Stiftungen, Verbänden und Firmen; Lehrbeauftragter für Politikwissenschaft an den Fachhochschulen in Bochum und Hagen. Veröffentlichungen zur Parteienforschung und zu wirtschafts- und gesellschaftspolitischen Problemen. Mitglied des Bundestages seit 1980, seit 1986 Vorsitzender des CDU-Bezirksverbandes Ruhrgebiet; von 1989 bis 1998 Parlamentarischer Staatssekretär zunächst im Bundesministerium für Bildung und Wissenschaft, dann im Bundeswirtschaftsministerium und im Bundesministerium für Verkehr; von 1998 bis 2002 kultur- und medienpolitischer Sprecher der CDU/CSU-Bundestagsfraktion; seit 2002 Vizepräsident des Deutschen Bundestages.

Jörg Loskill

Geboren 1944 in Fürstenwalde/Spree. Studium der Musikwissenschaft, Kunstgeschichte, Germanistik und Theaterwissenschaft; seit 1968 Kulturredakteur bei der Westdeutschen Allgemeinen Zeitung. Autor und Herausgeber von Sachbüchern und belletristischen Veröffentlichungen. Lehrauftrag an der Kunstakademie Münster seit den 1990er- Jahren. Mitarbeiter überregionaler/internationaler Fachzeitschriften wie „Opernwelt", „Ballett International", „Das Orchester", u.a.

Dr. phil. Dr. phil. h.c. Konrad A. Schilling

Geboren 1927 in Leipzig. 1962 bis 1964 Generalsekretär der Ausstellung MONUMENTA JUDAICA in Köln. 1964 Initiator einer Unterschriftenaktion zur diplomatischen Anerkennung Israels. 1970 bis 1976 Stadtrat für Kultur, Schule, Sport in Göttingen. Veranlassung der ersten deutsch-polnischen Städtepartnerschaft Göttingen-Thorun. 1976 bis 1992 Beigeordneter für Kultur und Bildung in Duisburg, ab 1988 ausschließlich für Kultur-und Hochschulangelegenheiten. 1986 Initiator der Städtepartnerschaft Duisburg-Vilnius (Litauen). 1989 bis 1995 Beauftragter für Kultur des Initiativkreises Ruhrgebiet. 1993 bis 1995 Intendant der PHILHARMONIA HUNGARICA. 1977 bis 1992 Initiator und Leitung der vorbereitenden Komitees der DUISBURGER AKZENTE zu wechselnden Themen, 1980 bis 1994 Veranstalter internationaler Musikfeste, 1989/1990 Initiator eines Festivals zeitgenössischer deutscher Musik in 16 sowjetischen Städten. 1980/1982 Veranstalter tanzpädagogischer Seminare in Zusammenarbeit mit dem Kultusministerium NRW. 1990/1992 Begründer des Europäischen Jugendtanzfestivals. Verantwortlich für die Veranstaltungsreihe TANZWELT und für das Festival „TanzAufRuhr" des Initiativkreises Ruhrgebiet.

Dr. Jürgen Schmude

Geboren 1936 in Insterburg (Ostpreußen), Rechtsanwalt. 1969 bis 1994 Mitglied des Deutschen Bundestages (MdB). 1974 bis 1976 Parlamentarischer Staatssekretär beim Bundesminister des Innern. 1978 bis 1981 Bundesminister für Bildung und Wissenschaft, 1981 und 1982 Bundesminister der Justiz. 1985 bis 2003 (drei Amtsperioden) Präses der Synode der Evangelischen Kirche in Deutschland.

BALLET
SCHIND